MANEIRA BRANCA

COSACNAIFY

PINACOTECA

SECRETARIA DE ESTADO DA CULTURA

GOVERNO DO ESTADO DE SÃO PAULO

LEI DE INCENTIVO À CULTURA MINISTÉRIO DA CULTURA

MANEIRA BRANCA

gravuras de Elisa Bracher

A exposição “Maneira Branca – Gravuras 2005-2006”, com os trabalhos de Elisa Bracher, marca o segundo aniversário de inauguração do espaço de exposições temporárias do Gabinete de Gravura Guita e José Mindlin, no edifício da Estação Pinacoteca. Nesse período, foram apresentadas nesse espaço as mostras de Sheila Goloborotko, Cláudio Mubarac, Carlos Martins e Marco Buti, que em seu conjunto configuram um notável panorama da gravura brasileira contemporânea.

É portanto com imensa satisfação que recebemos agora a obra gráfica de Elisa Bracher, outro destacado nome de sua geração de artistas, e mais conhecida do grande público por suas monumentais esculturas com troncos de madeira, que povoam o cenário urbano de muitas cidades brasileiras. Gravadora há cerca de duas décadas, autora de uma sólida produção que desenvolve paralelamente ao trabalho escultórico, Elisa Bracher é responsável por criações que nos intrigam com uma sofisticada articulação entre delicadeza e vigor na construção de uma poética que extrai dos mais árduos materiais a fragilidade da linha, tênue evocação de paisagens e memórias.

Somos gratos a todos os que possibilitaram essa iniciativa, registrando aqui nossos agradecimentos a Lorenzo Mammì, pela curadoria; à Cosac Naify, pela parceria nesta publicação; e principalmente a Elisa Bracher, pela possibilidade de apresentarmos essas vibrantes evidências da alta qualidade da melhor produção gráfica de nosso país.

A única nota triste nesse contexto de realizações de sucesso é o recente falecimento de dona Guita Mindlin, grande dama da cultura brasileira. À sua memória, dedicamos esta exposição.

MARCELO MATTOS ARAUJO
Diretor
Pinacoteca do Estado de São Paulo

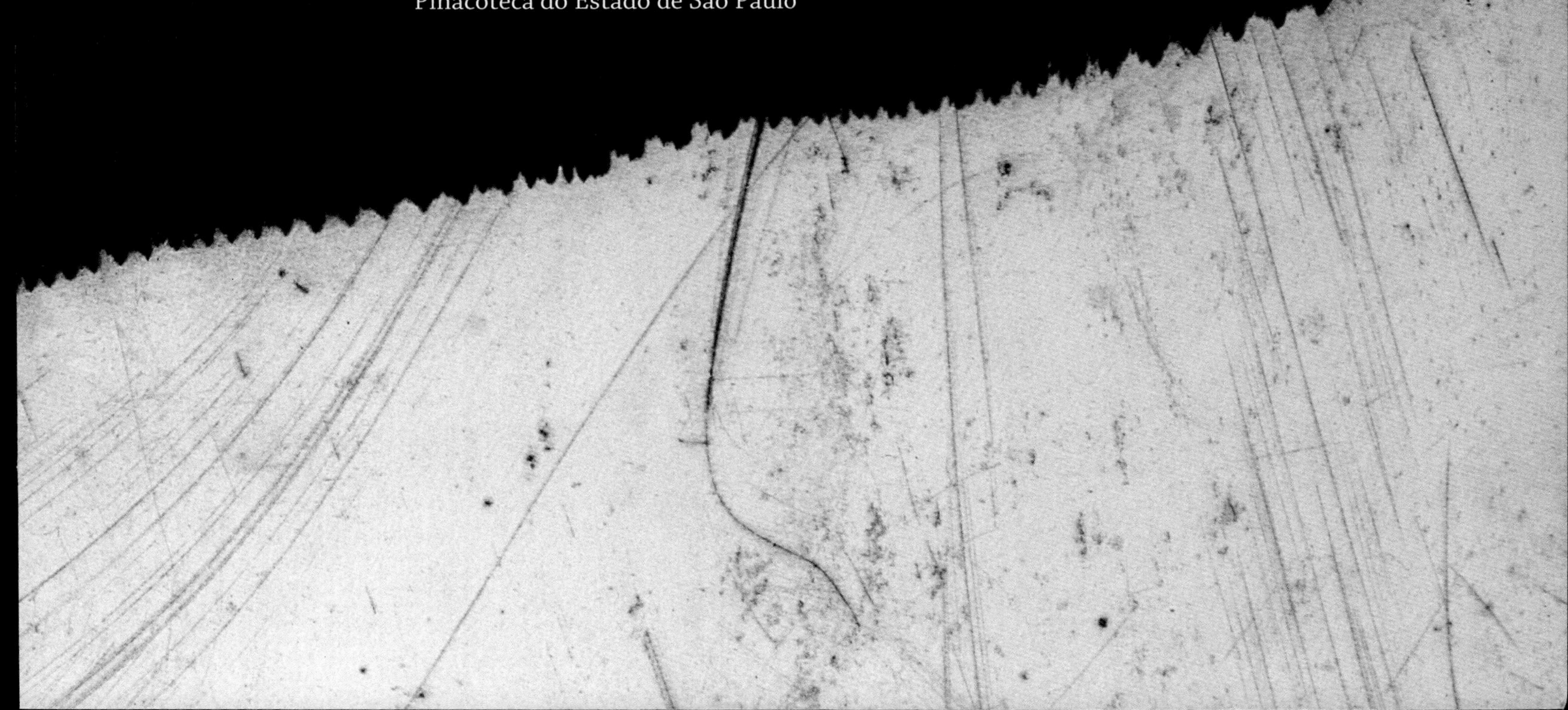

MANEIRA BRANCA

Lorenzo Mammì

Por que fazer gravuras, ainda? Todas as técnicas artísticas são, de certo modo, intempestivas – se não por outra razão, pelo menos porque apontam para a singularidade das coisas, numa época de reprodução em série. Mas a gravura já é um processo de reprodução, ainda que tortuoso e precário, enquanto hoje há meios totalmente automatizados e praticamente instantâneos. Não vale dizer que a gravura restitui ao ato de reprodução a nobreza de um trabalho, de uma ação controlada e consciente. Decerto, o atrativo que a gravura exerce no meio artístico brasileiro tem algo a ver com a nostalgia de uma modernidade que nunca houve, num país que passou abruptamente do arcaico ao pós-moderno. Mas essa ainda é uma argumentação de ordem social ou moral, não estética – não se constrói uma poética sobre o que não houve. Se há resposta à pergunta, ela deveria ser de ordem formal; e formal não de um ponto de vista técnico – tipologias de traço ou sombreamentos possíveis apenas com os recursos da gravura –, mas como relação substancial, específica da gravura, entre o que se vê (a imagem), o processo que produz o que se vê e o material que o sustenta. Em outras palavras, entre o que a obra mostra, como a obra é feita e o que a obra é.

O traço distintivo da gravura é a relação entre estampa e matriz. O que o observador vê não é diretamente a obra do artista, que está na matriz, mas sua impressão no papel; o que está na matriz, por sua vez, não é a imagem que o artista pensou, mas seu negativo. A obra está sempre ausente, alhures. Essa relação, que me parece o traço distintivo da gravura como questão estética,[1] acarreta conseqüências precisas: o branco da estampa não é um espaço vazio, como o branco do desenho; ao contrário, é justamente o ponto em que a superfície da chapa se apóia na superfície do papel, sem intervalo – é o cheio, evidenciado às vezes pelas impurezas que um material repassa ao outro. O preto, por outro lado, é o buraco onde a tinta afunda: uma massa tanto mais densa quanto mais oco é o vazio que a produz. Os claros e os escuros das *Tauromaquias* de Goya não poderiam ser realizados com tanta dramaticidade num desenho, mesmo que se tratasse da mesma tinta aplicada sobre o mesmo papel: faltariam, nos brancos,

1 O caso da fotografia me parece diferente, porque o fotógrafo age apenas nos momentos "positivos" do processo: o clique e a revelação – ele não *faz* o negativo; quem o faz é a câmara.

a presença ideal da chapa intocada e, com ela, a idéia de um nada que não é espaço vazio à disposição do movimento, mas uma superfície compacta e impenetrável; e faltaria, nos pretos, a sensação de uma matéria que suga, fechada em si e incompreensível, a ser intuída apenas pelos contornos. A plenitude dos brancos e o abismo dos pretos carregam na gravura uma intensidade existencial que é impossível com outros meios. Talvez seja por isso que todas as gravuras, sem exceção, são melancólicas.

O mesmo tipo de inversão se encontra na natureza do traço: quanto mais a incisão parece livre e solta, mais ela demandou mediações complicadas, como no caso da água-forte ou da água-tinta. Abordar diretamente a chapa, ao contrário, exige um esforço muscular que deixa evidente, na linha impressa, seu caráter originário de sulco. Desenhar se torna uma atividade desbravadora, conquista de espaço palmo a palmo. É por essa via, também, que o branco da gravura adquire o caráter de matéria densa e resistente.

Finalmente, a escala: o formato da gravura é sempre fruto de um compromisso entre o tamanho da chapa e o tamanho do papel. Se a dimensão for pequena, é a folha que determina o tamanho; mas, se ela crescer, os limites da chapa e da prensa tornam-se determinantes.[2] Decerto, a evolução técnica permite hoje a construção de máquinas capazes de imprimir gravuras de dimensões antes impensáveis; contudo, além de essas prensas serem caríssimas e de acesso difícil, as alterações de formato que elas permitem são muitas vezes irrelevantes. Um dos mestres da arte povera, Jannis Kounellis, explicou certa vez[3] sua preferência por formatos marcados pelo uso cotidiano: o tamanho de uma folha de papel, de uma porta, de uma cama de casal. O hábito conferiu a essas dimensões uma espessura de significado que nenhum cálculo proporcional garantiria. As limitações tradicionais das folhas e das chapas também são dados históricos, carregados de significado expressivo. Sua superação deve ser ela também expressiva, e não meramente técnica.

Imagens gravadas de grandes dimensões foram tentadas desde o Renascimento, justapondo chapas e folhas separadas. Pelo padrão de hoje, elas nem são tão grandes assim: a famosa *Travessia do mar Vermelho*, por exemplo, saída do ateliê de Ticiano e composta de doze folhas, mede 220 cm no lado mais comprido; mas é uma imagem monumental pelo ritmo solene que os contornos repetidos das folhas conferem ao movimento – os cavaleiros egípcios penetrando no mar por três folhas, cercados por quatro folhas de ondas tempestuosas, enquanto os hebreus observam a cena nas duas folhas inferiores da margem direita. Aqui, a escansão espacial determinada pelo limite das chapas se torna um fator temporal, uma articulação narrativa. As defasagens de tinta e os desencontros dos traços entre uma folha e outra não são defeitos,

2 Refiro-me especificamente às gravuras em metal. Nas xilogravuras, é sempre possível o recurso da impressão manual, com a colher.

3 Entrevista a Franco Fanelli, in *Il Giornale dell' Arte*, nov. 1988, p. 77; também in J. Kounellis, *Eco nell' oscurità*, s.l., Trolley, 2002, pp. 236-43; cf. *Quello che posso sostenere è una vecchia idea*, 1987, loc. cit., p. 55.

mas, aos olhos modernos, uma chave de leitura instigante: algumas folhas contêm apenas ondas ou nuvens, outras são cheias de figuras e anedotas. A divisão imperturbável das folhas coloca tudo no mesmo plano, e de novo remete à densidade resistente do vazio: se o espaço há de ser conquistado passo a passo, tudo é lido como detalhe, mesmo uma linha de horizonte retilínea que se estende folha após folha. A relação entre o todo e as partes, na gravura, é de certo modo invertida: a parte é sempre maior que o todo – ao olhar para uma figura gravada tradicional, nosso instinto vai buscar o sentido em cada linha da retícula que determina o sombreamento, mais do que no efeito geral.

Enfim: não há espaço livre nas gravuras, nem espaço infinito – dentro, em profundidade, ou ao redor delas, em extensão. Portanto, não há formato predeterminado (a não ser por limites operacionais), nem gesto livre. Tudo deve ser escavado. E o valor está na maneira em que o trabalho surdo da escavação se oferece à vista, ao mesmo tempo que se supera na imagem.

Entre os gravuristas brasileiros da atualidade, Elisa Bracher talvez seja a artista que mais claramente vai ao cerne da questão, passando por cima das discussões técnicas específicas, ligadas à história do gênero. Sua produção escultórica, em especial a de grandes dimensões, destinadas ao espaço público, deixou um pouco na sombra sua atividade de gravurista. Esta, no entanto, me parece fundamental para entender o conjunto de sua obra. A relação entre gravura e escultura, aqui, não é apenas biográfica: as esculturas surgem diretamente da gravura, da busca de uma relação essencial entre o traço ou a mancha escavada e o espaço branco, resistente e denso do papel.

Ticiano, Travessia do mar Vermelho [Titian, *The Crossing of the Red Sea*], *1549, xilogravura em doze pranchas* [twelve parts woodcut], *120 x 220 cm.*

É fundamental para o trabalho de Elisa Bracher a intuição de que a gravura, justamente por seu embate com um espaço que é matéria, se relaciona de forma mais íntima com o espaço real, e portanto com a escultura e a arquitetura, do que com a pintura e o desenho. Entre os gêneros da pintura, encontra afinidades com o mais arquitetônico, o afresco, que também mapeia a parede em "jornadas": porções de pinturas a serem realizadas num único dia, antes que o reboco endureça (e vale a pena lembrar que gravuras de grandes dimensões, como a *Travessia do mar Vermelho* citada acima, já foram apelidadas de "afrescos dos pobres").

As gravuras de Elisa Bracher de 1990 a 1992 já tratavam, basicamente, de construir uma parede pelo traço. A urgência do sulco em se prolongar é que determinava o formato, gerando a extensão por várias chapas e, em conseqüência, a justaposição das folhas. Nessa fase, as abrasões e as sujeiras da chapa ainda cumpriam um papel fundamental tornando perceptível a presença da chapa no papel e, por assim dizer, dramatizando a operação da impressão. A partir de 1993 as gravuras são mais limpas, tanto nos traços quanto nas áreas que os traços atravessam ou delimitam, mas por isso mesmo a questão central que esses trabalhos levantam se torna mais transparente: uma gravura em particular, de 1993, me parece paradigmática a esse respeito.

É composta de quatro folhas de 60 x 120 cm, colocadas lado a lado para formar um retângulo de 120 x 240 cm. Sobre elas correm dois contornos finos e oscilantes, que dividem a área em dois retângulos menores e paralelos, de aproximadamente 60 x 240 cm. Os perímetros dos retângulos incisos coincidem, ou quase, com os da folha por três lados, e no meio correm paralelos, convergindo levemente no lado direito. Mas não é mero contorno o que está impresso aqui. A área dentro dos retângulos

Sem título [Untitled], *1992, gravura em metal* [metal engraving], *120 x 240 cm.*

também é estampa: o branco da chapa sobre o branco do papel – e o branco, então, adquire uma força tectônica que as folhas, por si, não garantiriam. Outras gravuras do mesmo período mostram estruturas mais abertas, traços horizontais que se estendem por mais de uma folha, buscando apoio, nas extremidades, em traços verticais que se fincam no vazio, quase que inventando a ilusão de um chão. O branco que cerca o desenho, então, se torna ao mesmo tempo fundo e plano de apoio, e essa ambigüidade – uma dinâmica de forças tridimensional num espaço bidimensional – é que permite a passagem da gravura à escultura, que também se dá por volta de 1993.

As esculturas em cobre desse período são, de fato, gravuras projetadas no espaço real. São desenhadas de tal maneira (recorrendo até, se necessário, a falsas perspectivas em *trompe-l'oeil*) que a área em que se erguem adquire um estatuto ambíguo entre cheio e vazio, anteparo plano e fundo infinito, chão e parede. Mas é inegável que, ao se tornar esculturas, as linhas deixam de ser linhas (ainda que linhas sulcos, linhas matéria como é próprio da gravura): ambicionam o volume. E se tornam mais explicitamente volumes, de fato, quando Elisa Bracher passa do cobre à madeira, já em 1993, mas sobretudo nos anos seguintes. É um processo gradual que, de caibros recortados para gerar formas semelhantes às das esculturas em cobre, passa à montagem de caibros não trabalhados e finalmente à justaposição de grandes toras, em suas esculturas mais conhecidas, onde o espaço vazio já não existe senão virtualmente, esmagado pelo peso dos troncos caindo um sobre o outro. O espaço, então, se torna massa, e é como massa que volta da escultura para a gravura. Não de forma direta, porém: por volta de 1995, Elisa Bracher experimenta a técnica do desenho com bastão a óleo sobre papel-arroz. É evidente que se está procurando aqui, nas duas dimensões, uma diferenciação de consistências que se origina na escultura: a leveza e transparência do papel sugerindo um espaço vazio condensado, os blocos gordurosos da tinta nele se apoiando literalmente, quase como coisas. Mas é evidente também que esses desenhos remetem a um procedimento típico da gravura: a maneira negra.

A maneira negra é uma técnica que produz na chapa uma densa retícula de pontos, transformando-a numa superfície granulada e porosa que suga a tinta e gera, na folha, manchas de um preto profundo. As imagens são obtidas, então, lixando porções da retícula, para que a tinta não se prenda nessas regiões e gere efeitos de claro-escuro na estampa. Embora tenha sido utilizada, inicialmente, sobretudo para simular os efeitos da pintura a óleo, a maneira negra me parece algo mais do que um recurso entre outros. O preto que ela produz é uma obscuridade da qual não se pode enxergar o fundo, sedutora e tétrica ao mesmo tempo, mais uma vedação do que uma forma. Se a gravura, enquanto imagem, está sempre alhures, como dissemos no início, e se,

no entanto, pelo mecanismo de impressão, até os vazios adquirem uma urgência material impossível de obter com outros meios, no preto da maneira negra está a própria essência da gravura, sua ausência/presença, que fura a imagem: a aparição do negativo sobre o positivo, a sombra da chapa que cobre a folha como um eclipse. É algo que já está presente no sulco mais fino, no branco aparentemente mais imaculado, mas que explode nessas manchas com uma evidência incontornável.

Elisa Bracher não recorre ao *berceau*, instrumento tradicional dessa técnica. Usa instrumentos industriais para produzir suas áreas pretas. Tampouco há áreas claras obtidas por alisamento. É branco apenas o que não foi atingido pelas máquinas. Desse modo, a técnica se reduz ao essencial: uma alternância de áreas brancas e pretas, as brancas às vezes atravessadas por uma ou poucas linhas. Quando são justapostas folhas com dimensões idênticas mas estampadas de matrizes diferentes – ou da mesma matriz, mas com orientações diferentes –, as margens das folhas geram outras linhas nas regiões claras, mas não nas escuras. Cria-se assim uma seqüência modular reconhecível apenas parcialmente. Um processo racional de construção, esboçado nas áreas claras, afunda nas escuras. Forma e massa, linha e manchas não são, aqui, aspectos complementares de algo unitário, mas situações perceptivas antitéticas, que se alternam numa seqüência potencialmente infinita. Nas gravuras de cinco ou seis anos antes, a justaposição de folhas era resultado do prolongamento de um gesto consciente de escavação. Agora emerge algo que não pode ser plenamente abarcado pela compreensão, nem plenamente visto: uma seqüência de pontos cegos que interrompem o gesto e impõem uma lógica própria. A alternância de cheios e vazios que a seqüência sugere não é metafórica, como num desenho ou numa pintura, mas real e corporal, porque corresponde ao cheio e ao vazio da chapa. No entanto, ela não está aqui, foi removida. Essas obras insinuam uma nova relação com a escultura, mas também com a arte dos cheios e dos vazios por excelência, a arquitetura.

Quanto à escultura: talvez se esclareça cada vez mais, à medida que o trabalho de gravura de Elisa Bracher avança, um aspecto aparentemente paradoxal de suas esculturas. É que, apesar do tamanho, elas são introvertidas, recatadas até. De fato, mais do que nos contornos, a escultura está dentro, no lugar em que uma tora se estampa na outra – é aqui que se gera a massa (no sentido técnico do termo: relação entre peso e volume).

Quanto à arquitetura: na exposição no Centro Universitário Maria Antonia, em março de 2000, as folhas cobriam duas paredes inteiras, incorporando um canto e deixando que os dois pilares finos e brancos da sala interferissem na seqüência rítmica estabelecida pela alternância de brancos e de pretos. Muita gravura contemporânea

tenta se projetar no espaço tridimensional. Na maioria dos casos, as soluções encontradas permanecem num plano abstrato. Aproveita-se o conceito de incisão para transformar a gravura em baixo-relevo, ou o conceito de impressão para torná-la um *bricolage*. O problema é que a estampa, então, perde a sua especificidade, sem adquirir a potência daquilo de que se aproxima. Um dos méritos principais dessa exposição de Elisa Bracher foi, a meu ver, ter sugerido que a gravura é, sim, arquitetura, mas arquitetura daquilo que não está aí, arquitetura do irremediavelmente distante – ou, se se preferir, presença concreta daquilo que já foi. Em todo caso, a pregnância espacial da gravura é tanto mais forte quanto mais ela permanece bidimensional, testemunha de um espaço inalcançável. Se o gesto voluntarioso do começo da década de 1990 remetia à *Travessia do mar Vermelho* do ateliê de Ticiano, aqui vale a pena lembrar o *Arco do Triunfo de Maximiliano I* de Dürer, verdadeiro monumento ao inexistente.

Elisa Bracher estudou por muito tempo, e estuda, paisagem: teoria da paisagem, iconografia da paisagem, coisas assim. A paisagem, como a gravura, é a imagem do distante, mas em outro sentido: a distância da gravura é no tempo; a da paisagem, no espaço. A da paisagem é para ser vista; a da gravura, para ser tateada. A referência à paisagem, portanto, se explicitada, comporta mais uma abordagem, diferente daquela sugerida pela relação gravura/escultura ou gravura/arquitetura. A dialética gravura/paisagem, de fato, é o que predomina nas gravuras mais recentes. Já não é suficiente que o espaço seja impenetrável: há de ser inalcançável – e então é preciso o branco. Se o preto chama para dentro, o branco joga para fora. Nas gravuras mais recentes o branco tende a predominar, em termos não tanto de área ocupada quanto de posição. Raramente as manchas pretas atingem mais de dois lados da folha, e raramente os ocupam por inteiro. Quando ocupam um lado inteiro, pouco se estendem sobre os outros. Quase sempre, o preto parece estar dentro do branco e não sobre ele, como nas gravuras anteriores.

Instalação no [Installation at the] *Centro Universitário Maria Antonia, São Paulo, 3 x 36 m, 2000.*

Acrescente-se a isso a questão do formato. É de medida-padrão, 100 x 200 cm, a maior possível na prensa utilizada por Elisa Bracher. Essas medidas já não são eludidas pela justaposição das folhas e pela disposição das manchas, mas acentuadas – às vezes implicitamente, pela própria estrutura interna do trabalho; às vezes explicitamente, pelo recurso do chanfro, que deixa uma moldura preta na margem da folha. Pela primeira vez a artista trabalha de forma sistemática a partir de um enquadramento. Além disso, aparecem com mais freqüência linhas oblíquas ou progressões de linhas que sugerem profundidade. Enfim: uma sugestão de recuo, de espaço vazio, emerge do branco compacto da folha/chapa.

Dizer que "um recuo emerge" é, sem dúvida, paradoxal. Mas é isso, de fato, o que acontece. Tudo parte da chapa e volta a ela: a iteração do formato, sem a escapatória da justaposição das folhas, não faz mais que reforçar sua presença. E, embora a figuração de cada gravura seja fechada em si e independente, elas ganham ao serem mostradas lado a lado, sem intervalo, como se armazena um objeto industrial. As imagens que aparecem nelas percorrem todo o repertório da artista: o aproveitamento das impurezas dos primeiros trabalhos, as estruturas delgadas que geraram as esculturas em cobre, as manchas pretas dos primeiros anos 2000. A novidade é que elas se combinam, gerando esboços de narrativa ou de descrição, ilusões de espaços e remissões a uma figuração possível, mais do que uma figuração plenamente realizada. Cada signo parece ser a expressão de uma possibilidade que a chapa contém, de uma forma que ela própria cria por sua resistência ao trauma da incisão. O trabalho da artista é então tentar escavar no cobre um vazio, não para que a matéria se torne dócil a uma construção ilusionista, mas para que tente se fechar de novo, cicatrizando a ferida. A narrativa essencial, portanto, será justamente essa respiração pela qual o vazio surge do cheio, como ilusão de espaço possível, e é constantemente reabsorvido por ele. Da mesma forma, só que invertida, pela qual, na maneira negra, as saliências brancas surgem precariamente do preto, constantemente ameaçadas pelo abismo que as cerca. De certa forma, as gravuras recentes de Elisa Bracher dizem que o vazio já não existe, e sugerem a falta que ele faz.

IDEOGRAMAS

Sônia Salzstein

1.

Chama a atenção, em obras cada vez mais lacônicas e resumidas, que sua execução possa ter requerido um trabalho extenuante, e envolvimento corporal tão intenso. Uma contradição objetiva, pois tudo o que aí é trabalho só se deixa ver como ausência de trabalho, nos termos de uma frontalidade indiferente: um diagrama que ritualiza e expurga a história humana que o engendra, da qual, por sua vez, não sobram mais do que indícios. Por exemplo: algumas dessas gravuras-murais, em que a incisão e o desgaste profundos das matrizes de metal deveriam naturalmente dizer algo do labor árduo de preparação das chapas, do enfrentamento das grandes áreas que seriam desbastadas e transformadas, apresentam, em vez disso, um grafismo hierático, sem drama. Fica-se sabendo, enfim, do trabalho por essa espécie de não-trabalho que o trabalho "produz", esses vários vazios que as obras acabam por estampar em superfície.

Linhas que nas matrizes de cobre se mostrariam desgrenhadas, desobstruídas como foram com pureza compenetrada e irredutível de máquinas e ferramentas inventadas, expõem de modo sóbrio sua *bravura inútil*: deslizam com fluidez e quase com elegância pela superfície dos papéis. Outras vezes são seqüências de linhas curtas, retesadas, ou irritadiças, fazendo movimentos em ziguezague, num ritual que reduz a transcendência e que parece rasurar ou infirmar algo de uma profundidade que talvez se insinuasse: formas em "L" ou em "U", riscadas com rapidez que nega toda eloqüência sobre o metal. O que deve ter sido um verdadeiro corpo-a-corpo das lixadeiras elétricas com a dureza (ou a ductibilidade excessiva) do metal só pôde se traduzir num acontecimento póstumo, em que o gesto, que apenas se dá a conhecer depois de "morto" (pois não deixa traço de esforço, do tônus corporal com que se trabalharam as chapas), se reverte em um inapreensível: áreas fatigadas pela sobrecarga do pigmento, que elas embebem até saturar.

Não é que esses acontecimentos gráficos sejam totalmente destituídos de uma memória do trabalho; este dá notícias, sim, mas é como se se pronunciasse do passado, através da monumentalidade fantasmagórica de um extraordinário reservatório de energias em desuso. Em volta disso tudo, a superfície vaga do papel, entorpecida num ambiente puramente físico, do qual se pode perguntar se celebra um estado de balbuciamento anterior à história ou posterior à nova moralidade global que se abateu sobre tudo.

Em outras obras, há vestígios de uma película acinzentada, uma zona de sujeira e indeterminação sugerida por debaixo do ríctus bidimensional dos enquadramentos. Essa película talvez devesse evocar os materiais e instrumentos próprios à faina de execução das gravuras, ou ainda a atmosfera grave do antigo galpão industrial onde elas são planejadas e armazenadas – algo que dissesse respeito, afinal, ao mundo do trabalho, ao suor, ao calor e combustão de energias que historicamente sempre identificaram o trabalho como modelo ético do fazer em nossa imaginação.

O caso é que os acidentes todos que compõem a película – manchas, rabiscos, indícios eventuais do descontrole e das atribulações da mão no manuseio das ferramentas – se distribuem de maneira uniforme sobre as superfícies dos grandes painéis. São inexpressivos e parecem ter merecido uma atenção neutra, menos intensa do que recebem os "acidentes" no processo de criação artística, quase sempre de bom grado a ele incorporados; estes, ao contrário, levam a crer que se julgou irrelevante suprimi-los ou valorizá-los, se é que alguma vez se atinou com eles. As gravuras não dão, finalmente, qualquer sinal do formigamento do processo técnico de que, por lógica, devem ter surgido, nem dos desempenhos corporais que a "produção" delas implicou (as aspas se devem aqui a uma hesitação conceitual: pode haver "produção" onde talvez não tenha havido "trabalho", ou onde pode ter havido tão-somente uma ritualização sem crenças do trabalho desencarnado?).

Em face de tamanha desigualdade entre as ações e as obras, de tantas vontades suspensas, projetos sistematicamente denegados, cabe perguntar: por que o corpo se ofereceu com graça solene a essa espoliação ritual? Talvez o que conte seja isso mesmo, perder cada partida que entretanto se disputa palmo a palmo e com meticulosidade, de modo que do processo advenha a verdade que estava em jogo o tempo todo: a desconcertante visão lírica da horizontalidade dura das superfícies, e os ecos distantes das ferramentas que as golpearam sem poder subjugá-las.

2.

Como o "trabalho", afinal, é contradito, quem sabe seja o caso perguntar logo de saída: o termo ainda se aplica a essas "peças"? Não é então eloqüente que o que já foi peso e resistência, algo contra o qual o esforço construtivo da obra se aplicava, é agora uma massa que acabrunha o campo desimpedido do papel: contingente, desatrelada de nexos necessários? Do mesmo modo, não intriga que as figuras tectônicas familiares a essa obra – portais, andaimes, arcabouços, vigas, viadutos, silhuetas de uma presumível paisagem urbana – de repente surjam emancipadas de suas articulações construtivas, de modo intempestivo, sem *télos*, como se em estado de alheamento em relação umas às outras e às superfícies que no entanto compartilham? Isentas, enfim, de qualquer necessidade construtiva, como figuras cujo aparecimento e eventual associação são fortuitos?

Feitas as contas, o que sobra é o método, a disciplina, os atos que perseveram em sua exorbitância e que só encontram razão de ser em sua exorbitância e excentricidade. Em tais condições, isto é, quando já não se espera que "o trabalho" transforme ou mova as engrenagens do mundo (e a metáfora, no caso, é, bem a propósito, anacrônica), o sujeito só pode aparecer obliterado – "está fora": fora da órbita e fora do centro –, ao passo que tudo o que interessa convergirá precisamente para o trabalho destituído que se protagoniza em escala de *outdoor* em algumas dessas superfícies, e que, sendo apenas silêncio e espera, ou, como se afirmou há pouco, método e disciplina, produz não obstante a sua própria *ratio*. Inútil, vá lá, mas encontrando em si mesmo seus meios e fins, e talvez poderoso como uma cosmologia dos novos tempos. Irresistível não pensar no processo sóbrio de desconstrução que vem ocorrendo nas gravuras de Elisa Bracher, nesses perplexos arranjos mínimos de massas e linhas como ideogramas. Não aqueles que provêm da tradição rica e complexa de culturas antigas, mas extraordinários ideogramas danificados (conceda-se aqui que é sugestiva a evocação, mesmo ligeira, do tema de Adorno), ineptos para exprimir o mundo do qual, entretanto, continuam a ser o signo.

3.

Sem sujeito ou com um sujeito, por assim dizer, rasurado, *nos bastidores*, muda profundamente a questão da escala na obra da artista. Pois a escala é um conceito relacional; pressupõe um sujeito que só conhece o mundo na medida de sua capacidade de projetar – isto é, pôr além de si – o mundo como passível de ser conhecido ou ao menos enunciado. A distância entre o sujeito e o mundo é, nesses termos, sempre um

problema de escala. Suprimido um dos pólos da equação, o que se tem é a experiência da *distância absoluta* – é disso que se trata quando, por mais que se se aproxime de qualquer dessas superfícies vazias tão engenhosamente construídas por Elisa Bracher, se está sempre longe delas, se não irremediavelmente *fora delas*.

Por isso, os grandes formatos, que interessam à artista há tantos anos e que, à maneira do construtivismo russo, nos levaram a pensar a obra como um vazio pleno de possíveis, parecem derivar, especialmente nas gravuras realizadas em 2005 e 2006, menos da preocupação com a escala – que é uma questão essencialmente moderna – do que da preocupação com o tamanho grande, absolutamente *grande*; sugerem menos a metáfora moderna da inesgotável plasticidade do corpo em sua saga de transformação da natureza do que o deserto literal que as superfícies delimitam, e de modo incontornável, porque sempre deixam o corpo "de fora", como se viu, imanente a si mesmo, imanente a cada lugar singular que pontualmente ocupa.[1]

Se a hipótese estiver no rumo certo, sai de cena, na produção atual de Elisa Bracher, algo que sempre lhe foi caro: o investimento, apesar dos pesares, e por isso mesmo a fundo perdido, na utopia construtiva de uma escala humana. São recorrentes nessa produção, desde o início da carreira da artista, imagens de amplidão e desimpedimento de vistas: metáforas de um sujeito capaz de enxergar à distância, conforme a escala de cidades e geografias remotas. A pergunta por essa escala humana nas grandes cidades, em meio à "diversidade indiferente" dos lugares na vida contemporânea, deixava entrever, já no início dos anos 1990, o sentimento de um mal-estar crescente – não é que as coisas já não se apresentassem com seus tamanhos reais, mas tão-somente em dimensões virtuais e manipuláveis, como pareceu aos modernos; é que agora não se conseguia mais escapar à literalidade delas: miseravelmente pequenas, miúdas, estreitas, infantilizadas até a morte, ou ridiculamente monumentais, grandiloqüentes, permissivas, fanfarronas.

O sujeito, pequeno e irrelevante, achatado pelo espírito funcional da vida comum, se permitia uma elevação cósmica naquelas obras da artista: flagrar a diversidade e complexidade das coisas no momento que antecede a cristalização delas numa ordem, no momento em que elas lutam para diferenciar-se do informe e para "espacializar-se", isto é, constituir-se em "lugar", para além do drama privado, lugar que por sua vez designaria, nos termos da exigência moderna, a instância de uma transformação civilizacional contínua, do encontro de uma grandeza humana, universal.

Não obstante, a velha proclamação ultrajada da "perda da escala humana", que se incorporou à retórica do senso comum e ao bom senso de que se gaba a mídia, nunca se mostrou tão suspeita como agora: enfastiados de melancolia burguesa, estaríamos

1 T. J. Clark examina com especial acuidade a questão da escala e do tamanho na obra de Jackson Pollock. Sobre a relevância dessa questão na arte moderna em geral, observa que "a perda desse caráter imediato e evidente por si mesmo – a impressão de que nas condições da modernidade as coisas não têm mais tamanhos próprios, tão-somente escalas virtuais e manipuláveis – é um dos pesadelos da vida moderna, do qual a arte modernista às vezes tenta nos libertar"; cf. T. J. Clark. "O pequeno em Pollock", in Sônia Salzstein (org.), *Modernismos*, trad. Vera Pereira. São Paulo: Cosac Naify, 2006, p. 40.

mais uma vez recitando a ladainha do velho humanismo de consciência culpada, do qual a denúncia da própria impotência diante do curso das coisas, previdentemente feita de antemão, só pode ter como efeito o conformismo, a autocomplacência e, de lambuja, a encenação, pela enésima vez, de uma paródia desagradável da história. A austeridade de procedimentos, a frugalidade quase monástica dessa obra não deixa dúvida de que a artista nunca passou perto da encenação lamuriosa. A aspiração à escala humana foi *o* problema da obra, por excelência, não seu "tema", e ela antes padeceu dos fracassos e auto-enganos que essa busca inflige que pretendeu celebrar o seu transe; autocomplacência, além disso, seria o último defeito de que se poderia criticá-la – logo ela, que se pôs (e sem se fazer saliente) no centro dos mais exigentes auto-sacrifícios.

Não se pense em absoluto que na produção recente a questão da escala humana tenha saído da esfera de preocupações da artista. O fato é que o "humano" talvez já não se defina para ela nos termos a que estivemos habituados até aqui. Talvez por isso haja nessas gravuras um exasperado cancelamento de todo antropomorfismo: os movimentos largos e desimpedidos das linhas não têm nada de expressivo (se têm, é a contrapelo de si mesmos), assim como as grandes massas de pigmento negro que se transferem das áreas erodidas do metal são toscas, surdas, e não conseguem comover ou nos fazer crer no retorno, uma vez mais (para nosso conforto e para o bem de nossa auto-estima), do drama do *informe*.

O gesto continua presente, é claro, mas de modo diferente: auto-suficiente, encerrado em sua incomunicabilidade e desinteressado de seus efeitos expressivos. Em outros tempos era extraordinário ver como desbravava de uma extremidade a outra matrizes de grandes dimensões, com determinação – mediante o uso exclusivo da técnica da ponta-seca, e isso fazia toda a diferença –, e como deixava em seu rastro portais e promissoras linhas de horizonte, tábula rasa para o advento de um "outro", sinal de amplitude de visão e latência de possibilidades. Diversamente, nessas gravuras, que a artista privou de uma fenomenologia do espaço, o tamanho grande tornou-se, por assim dizer, um valor absoluto, uma dimensão inalcançável por uma amesquinhada escala humana.

4.

De fato, há algo de exorbitante e excêntrico em seguir produzindo obras com os meios da gravura, se é para continuar corroendo as habilidades longamente forjadas da técnica, estirando-a a ferro e fogo até a quase regressão dela, de ferramenta de

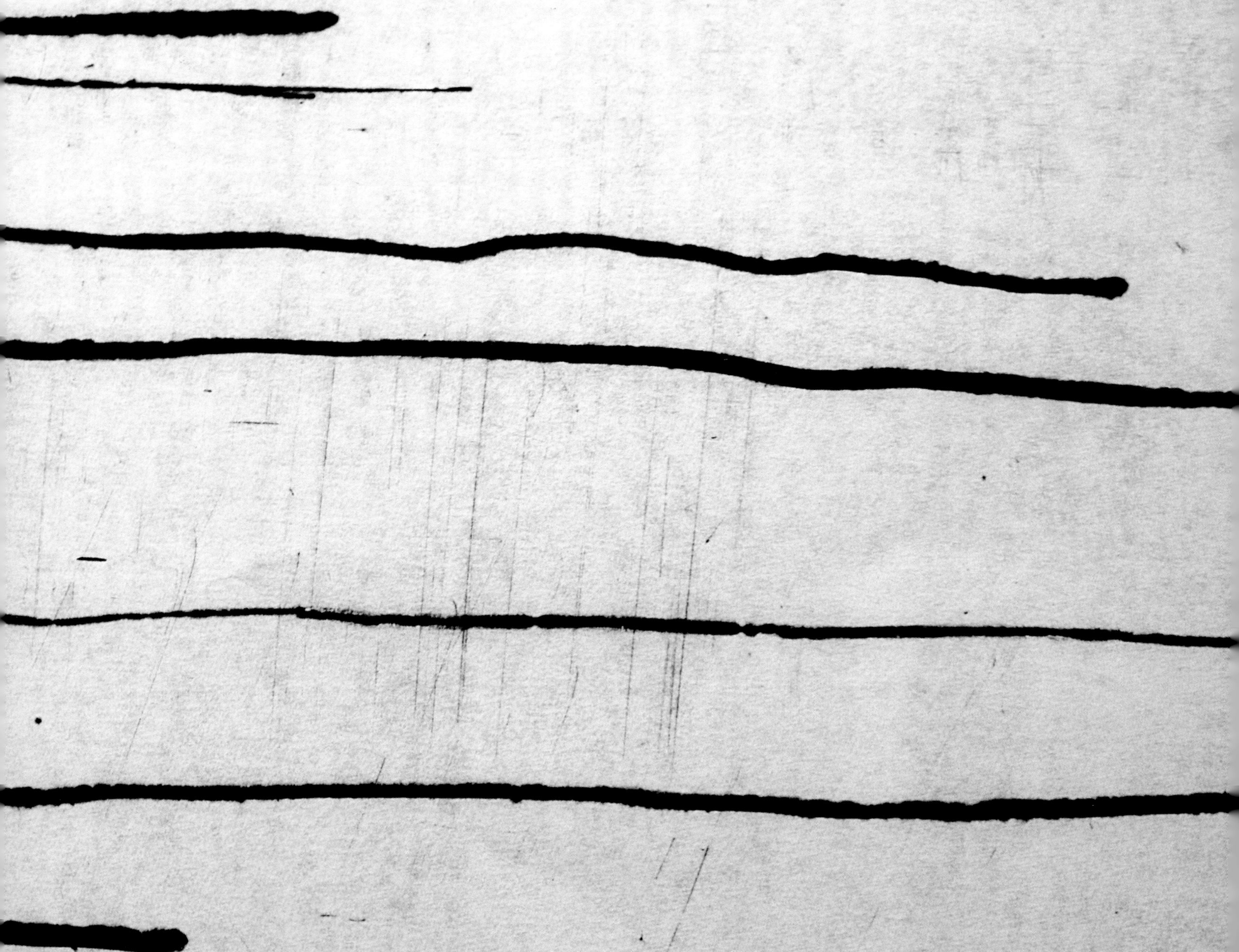

transformação a um estágio de "coisa" que se basta a si mesma. Deve significar algo persistir nessa prática sabendo de antemão que a recompensa pela façanha, diferentemente daquilo que em geral dizem os livros de história da arte moderna, não é o privilégio de pertencer a "um dos derradeiros redutos do fazer artesanal, aquele onde unicamente poderia se exercer um sujeito autônomo", mas a obliteração do sujeito, o transe do anonimato, graças ao qual se pode resgatar o trabalho de suas incontáveis mortes. Não por acaso, nessas gravuras o *fim* humano do trabalho, que já não se põe como *necessário* ou *natural*, deve ser reinquirido permanentemente, num recomeço que é, por isso mesmo, pesadelo e absurdo. Essa exorbitância e essa excentricidade são indícios de força, da utopia de uma experiência estética do anonimato e da complexidade expressiva de gestos corriqueiros.

SÉRIE "MANEIRA BRANCA", 2005-2006, GRAVURA EM METAL, 100 X 200 CM (HORIZONTAIS), 200 X 100 CM (VERTICAIS)

"MANEIRA BRANCA" SERIES, 2005-2006, METAL ENGRAVING, 100 X 200 CM (HORIZONTAL), 200 X 100 CM (UPRIGHT)

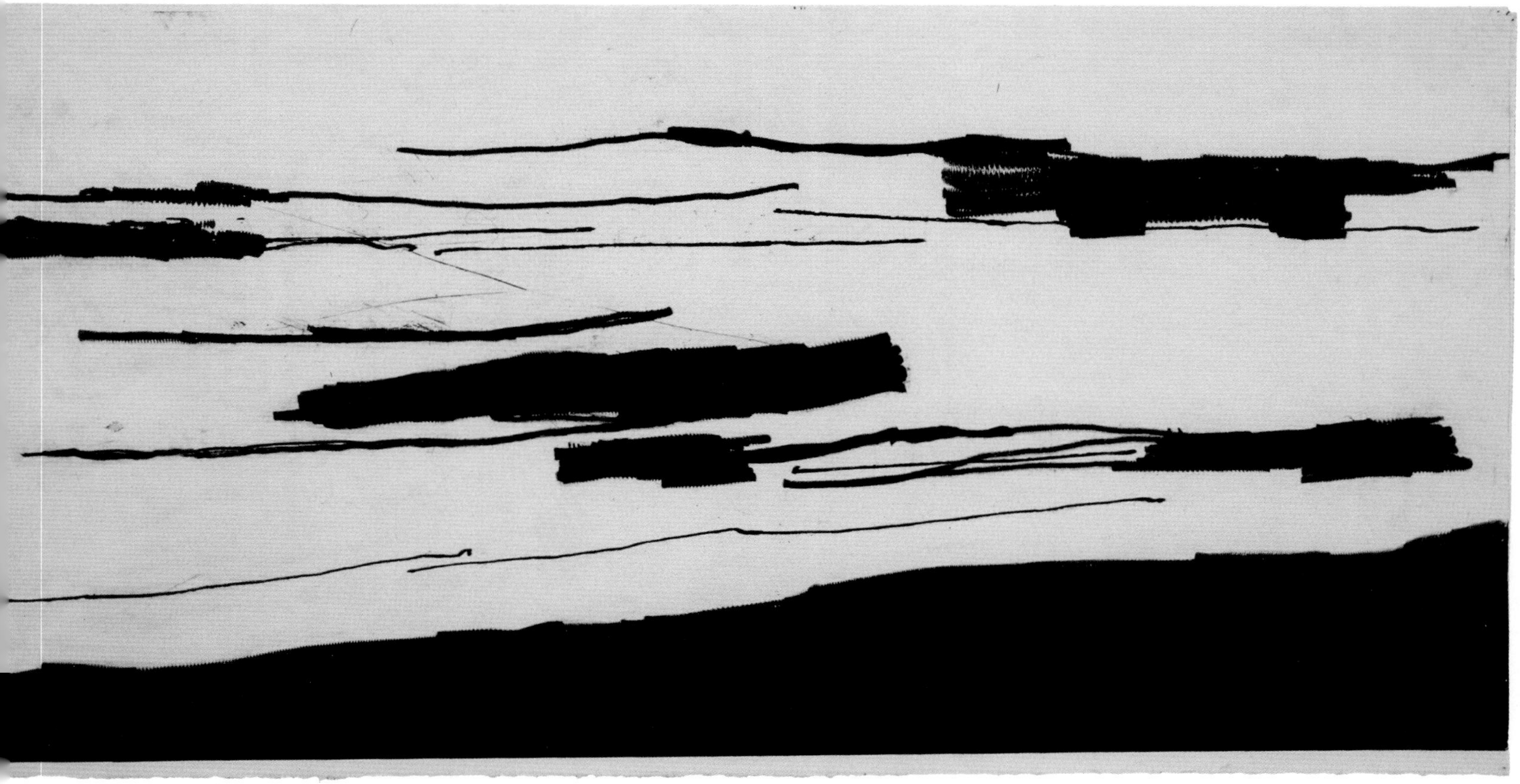

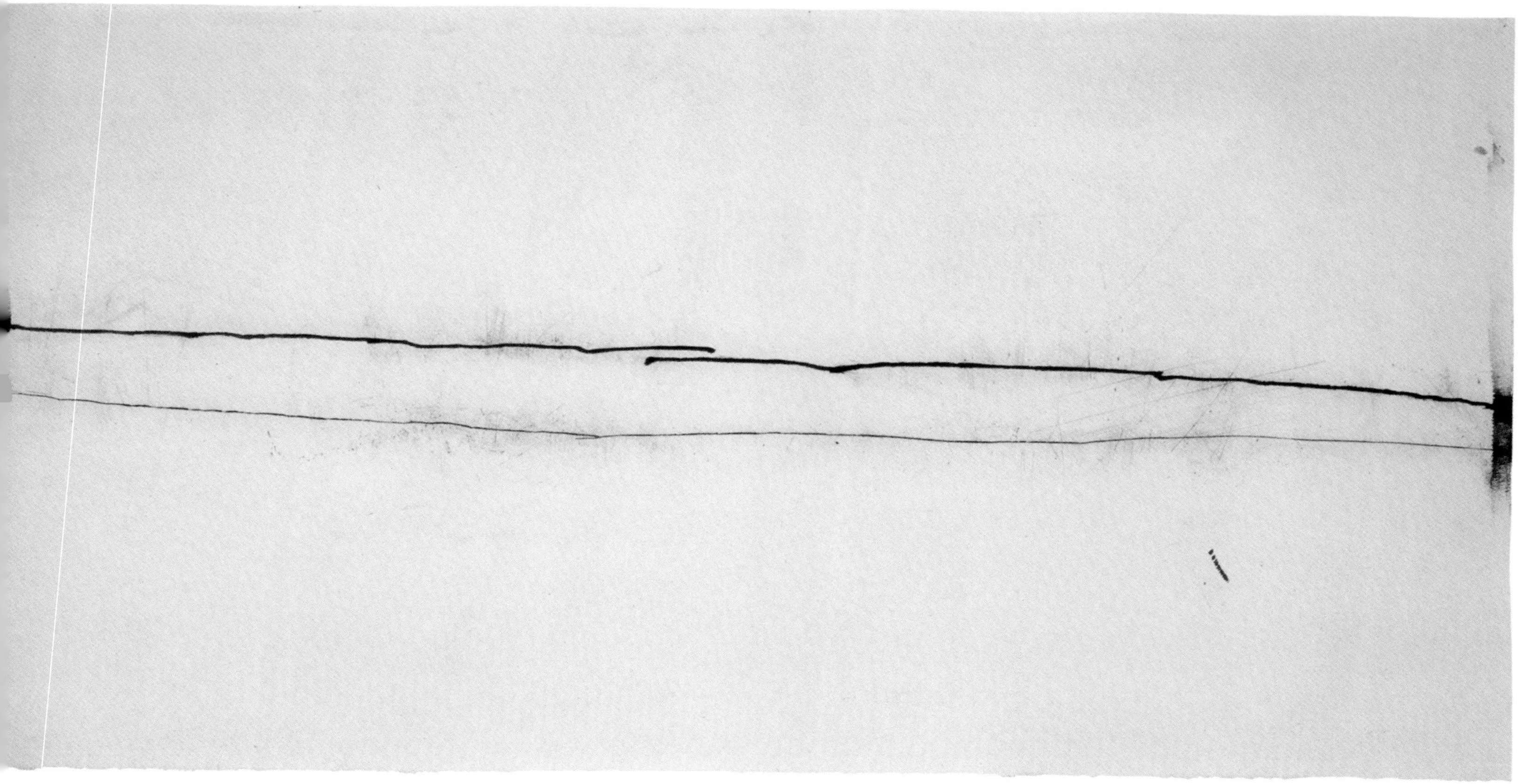

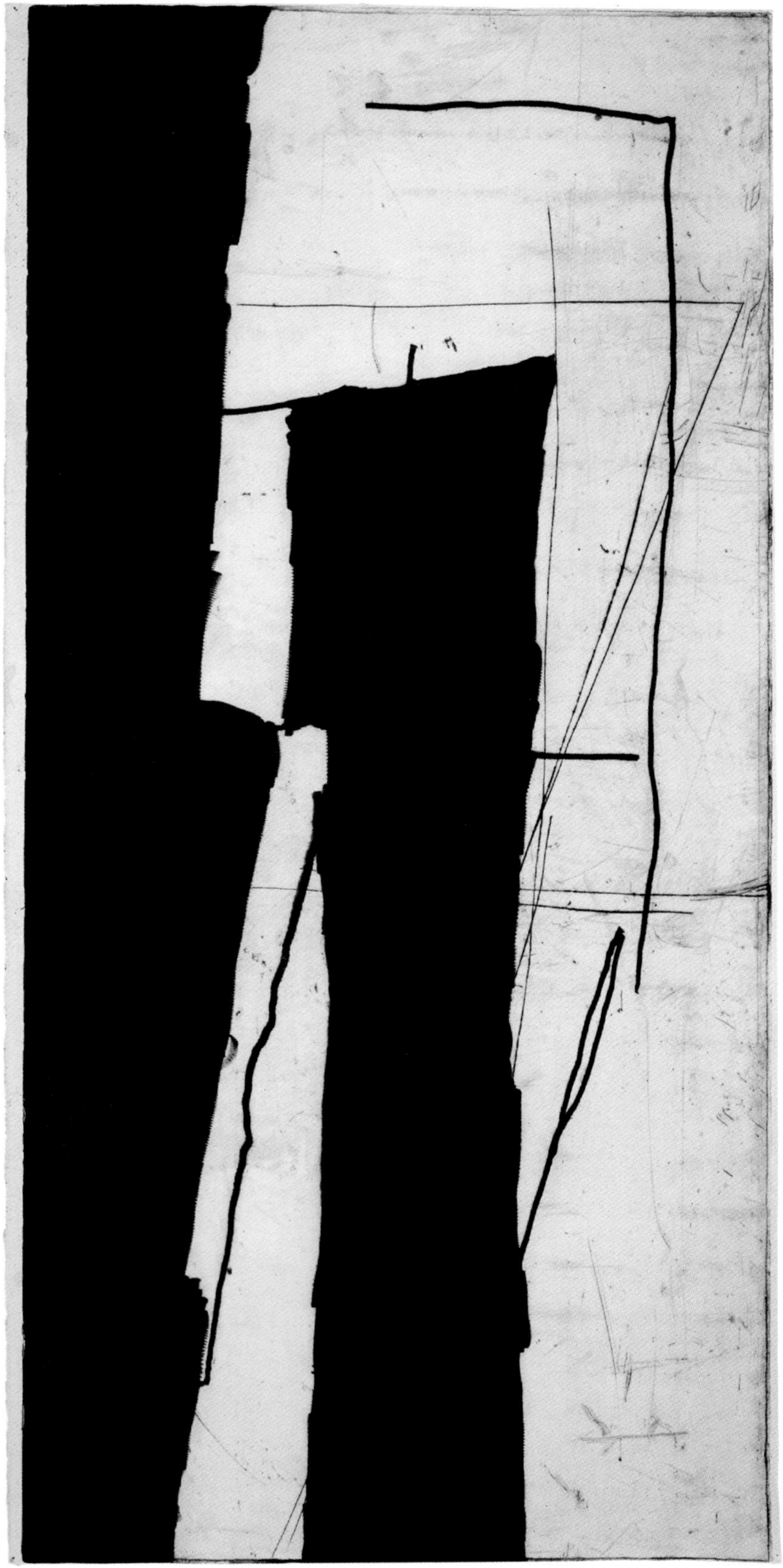

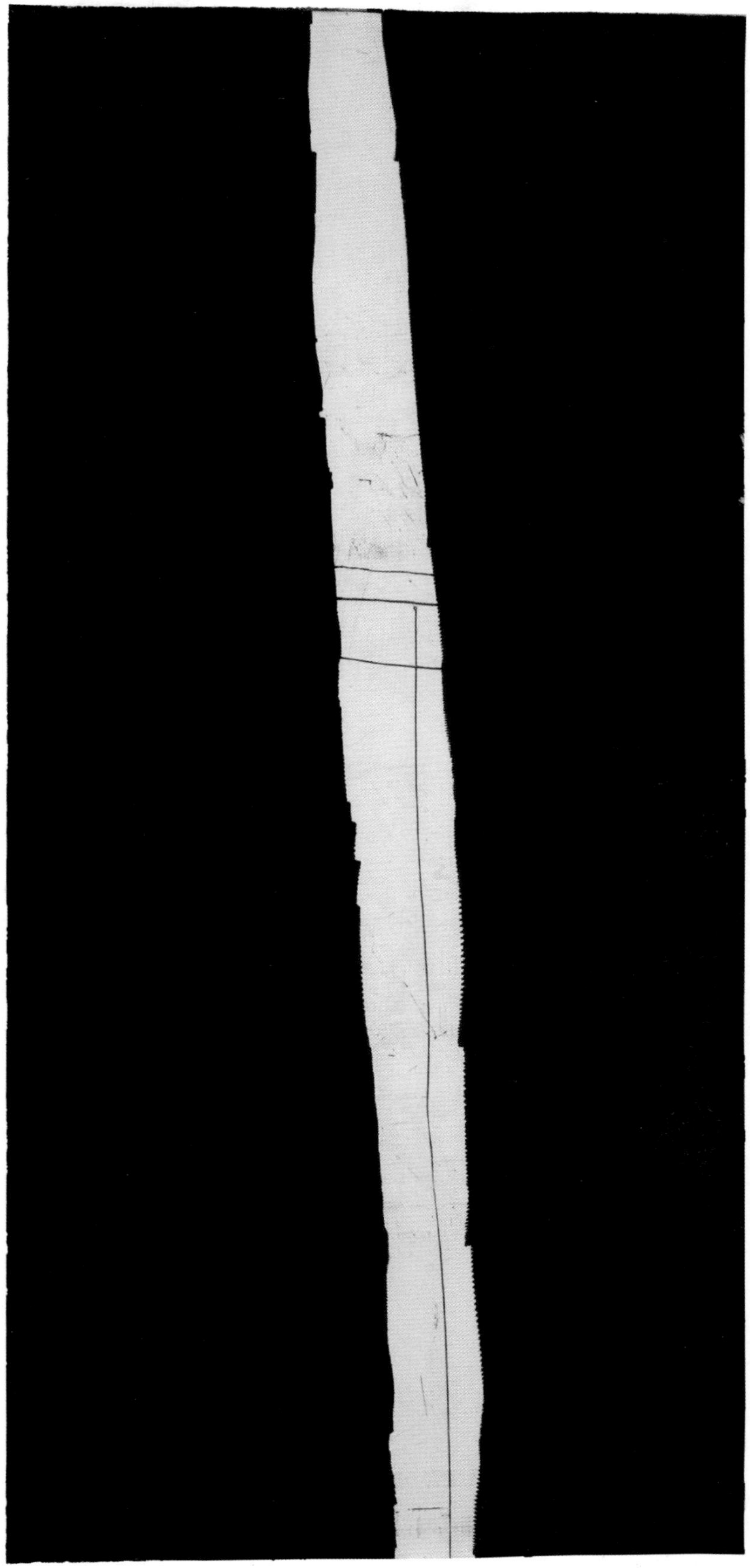

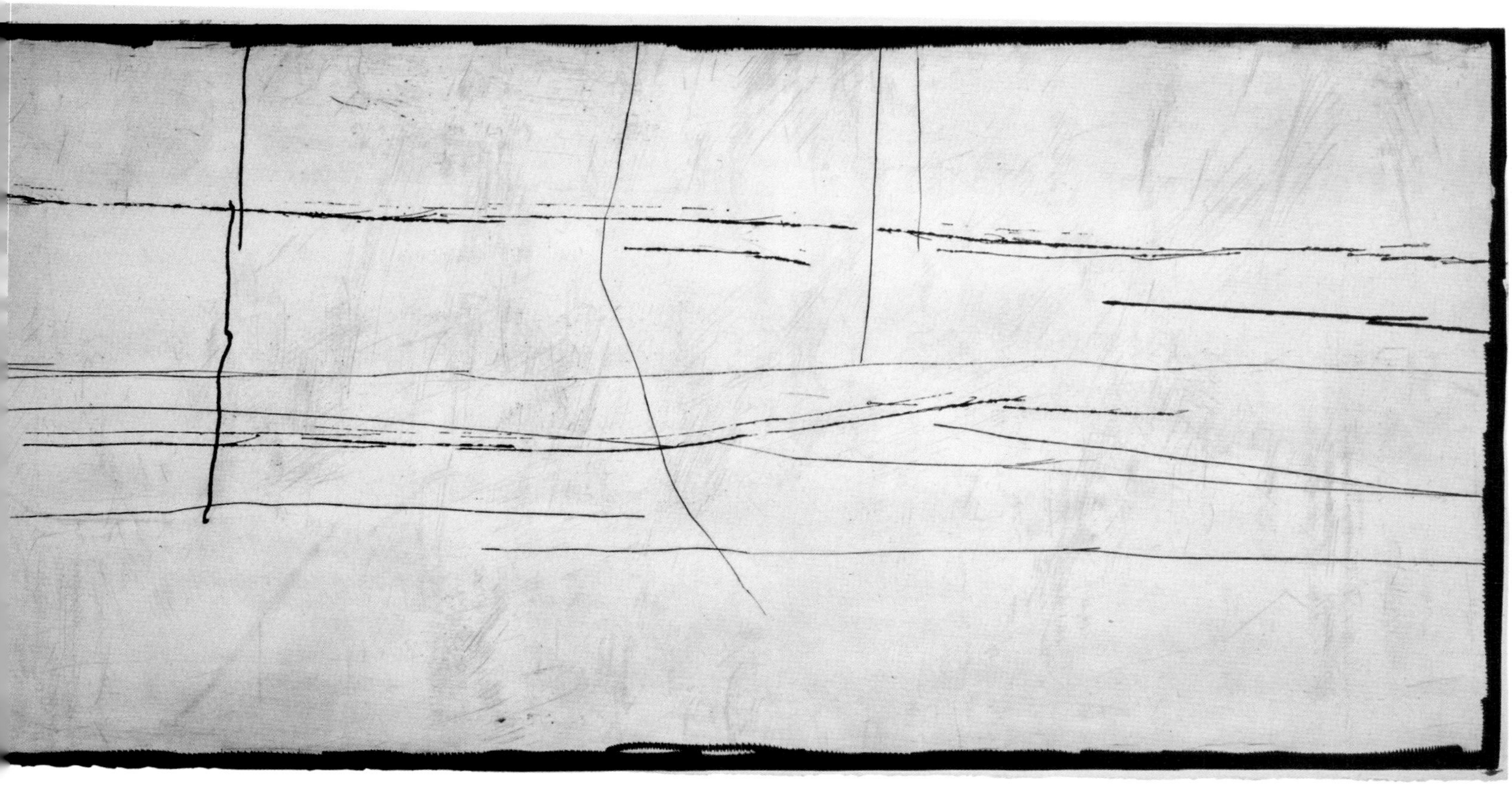

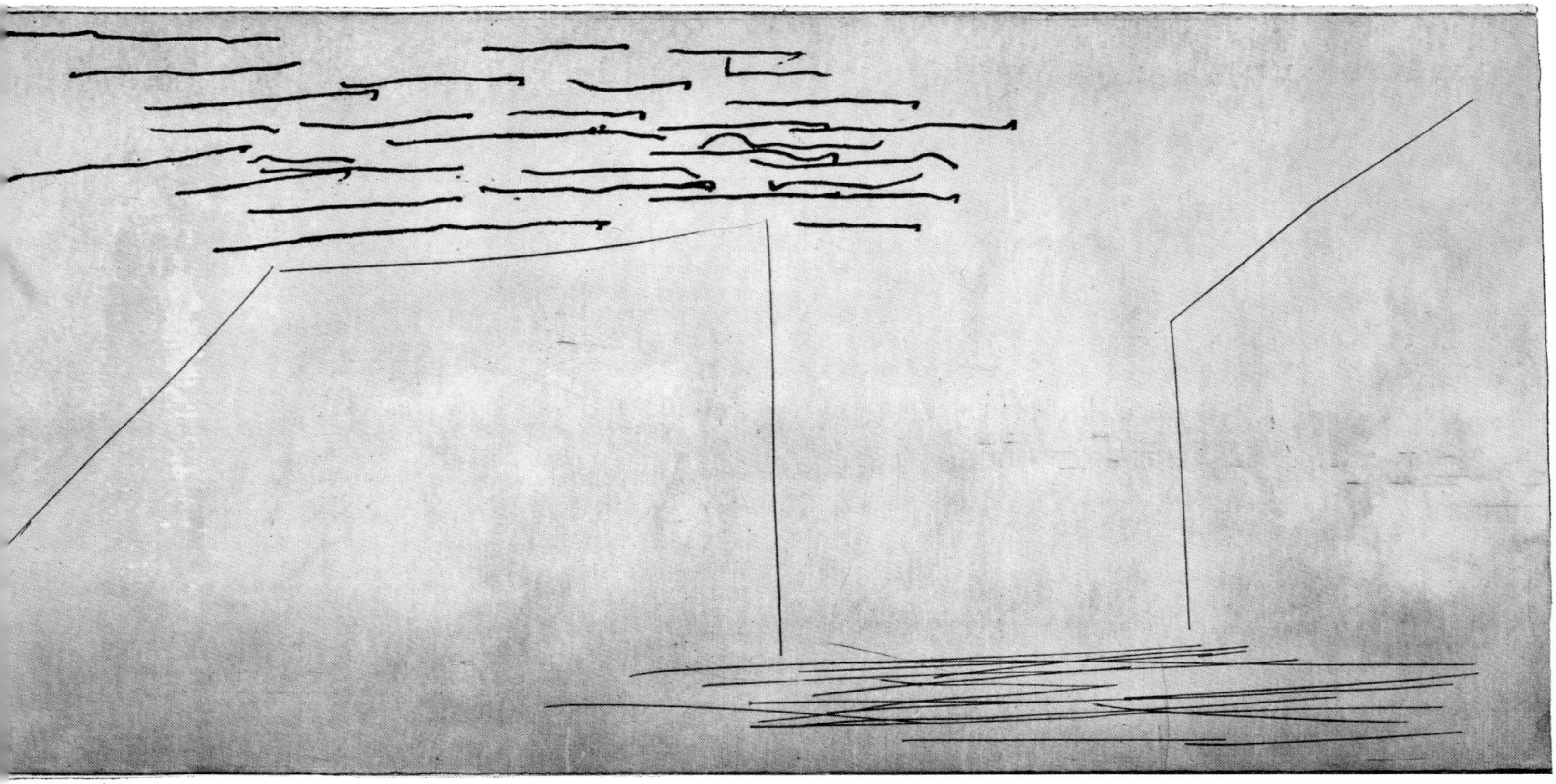

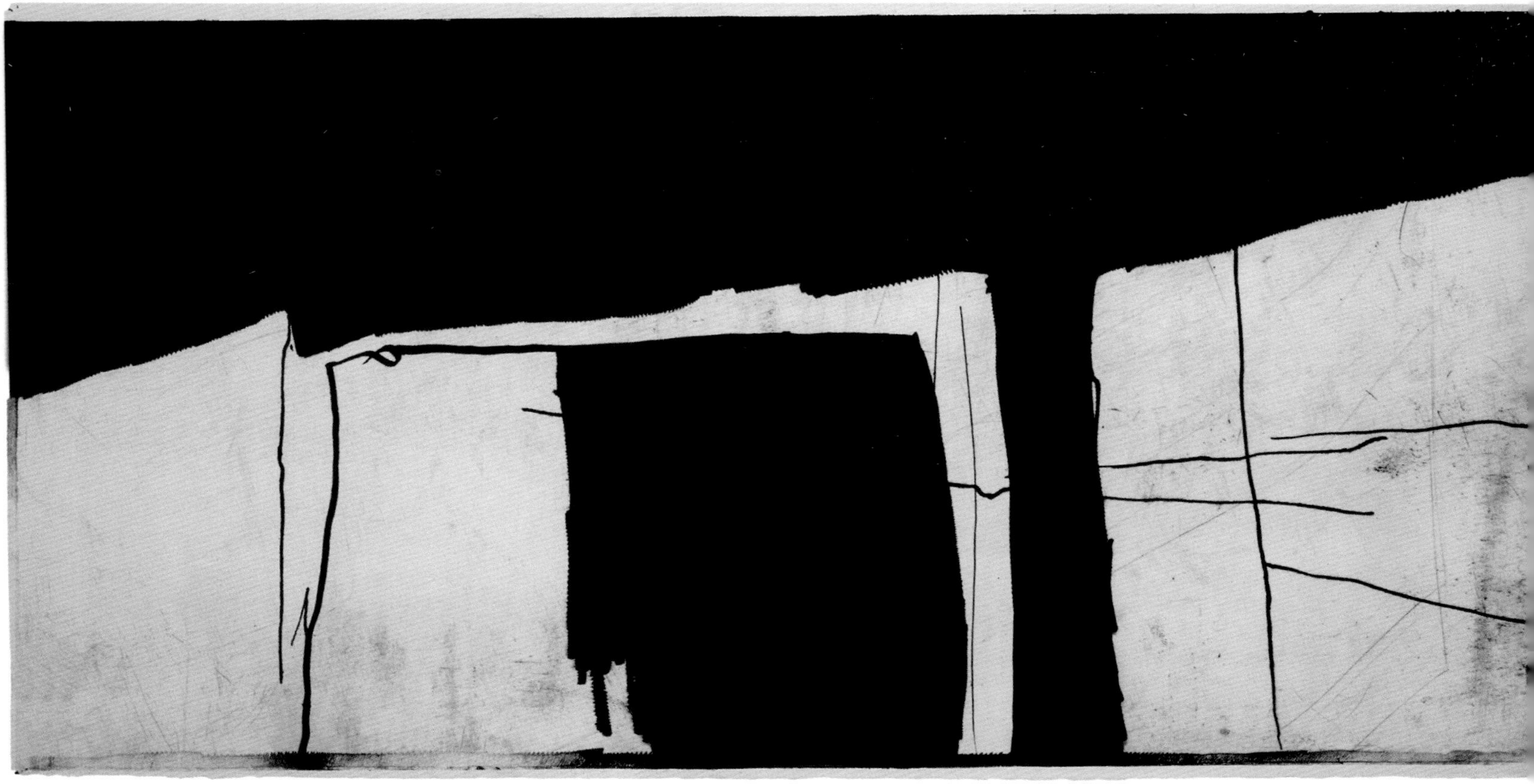

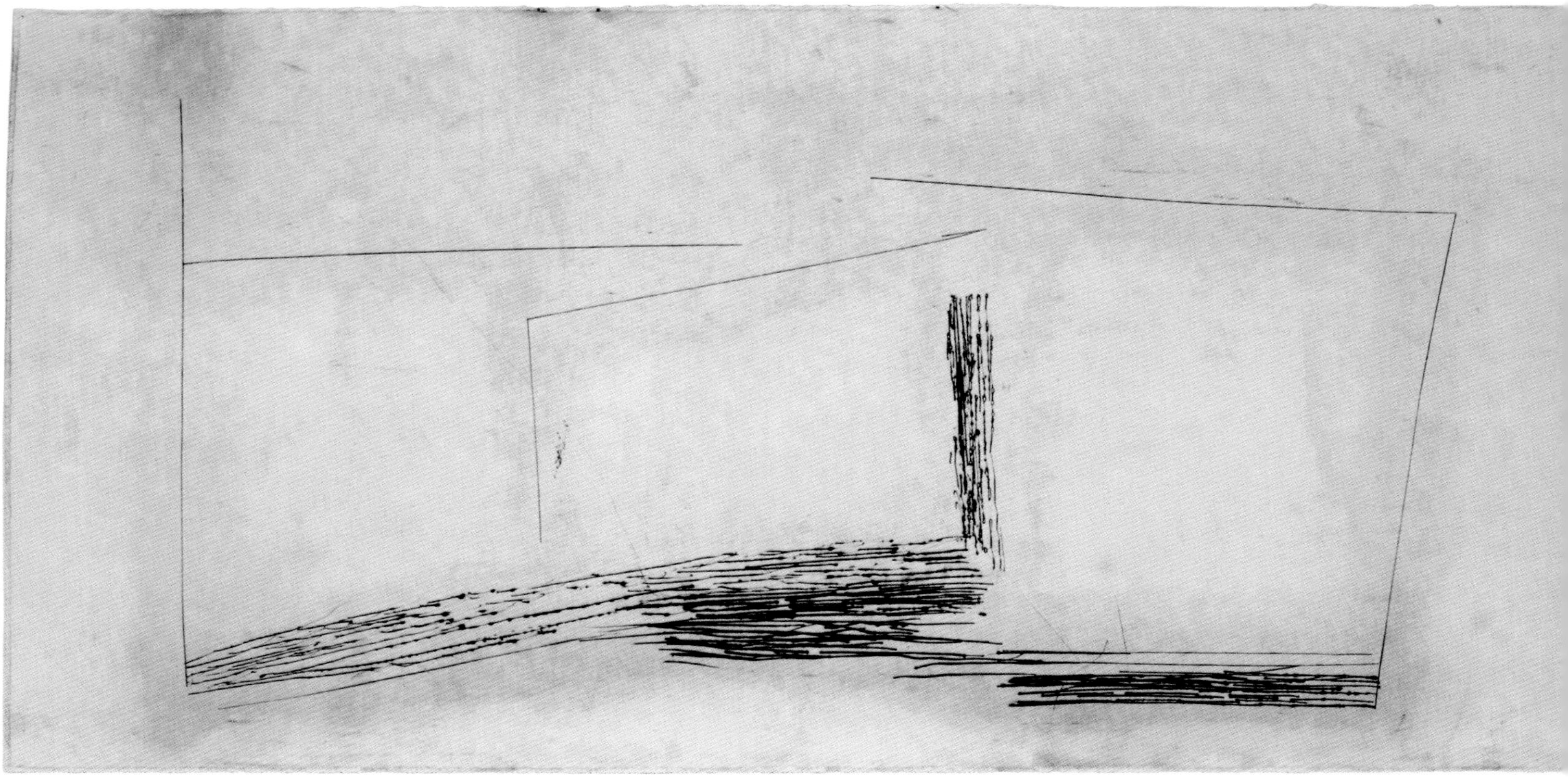

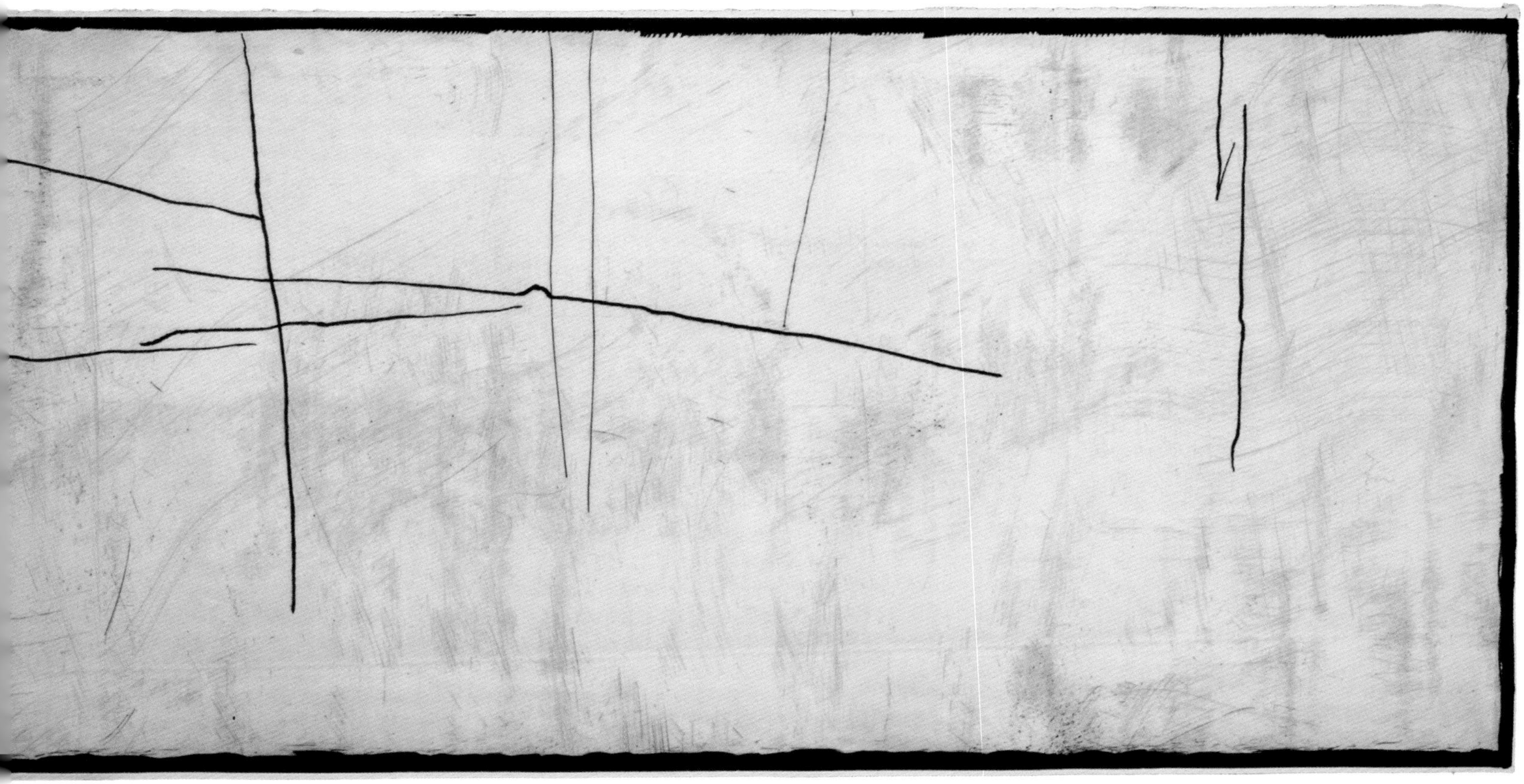

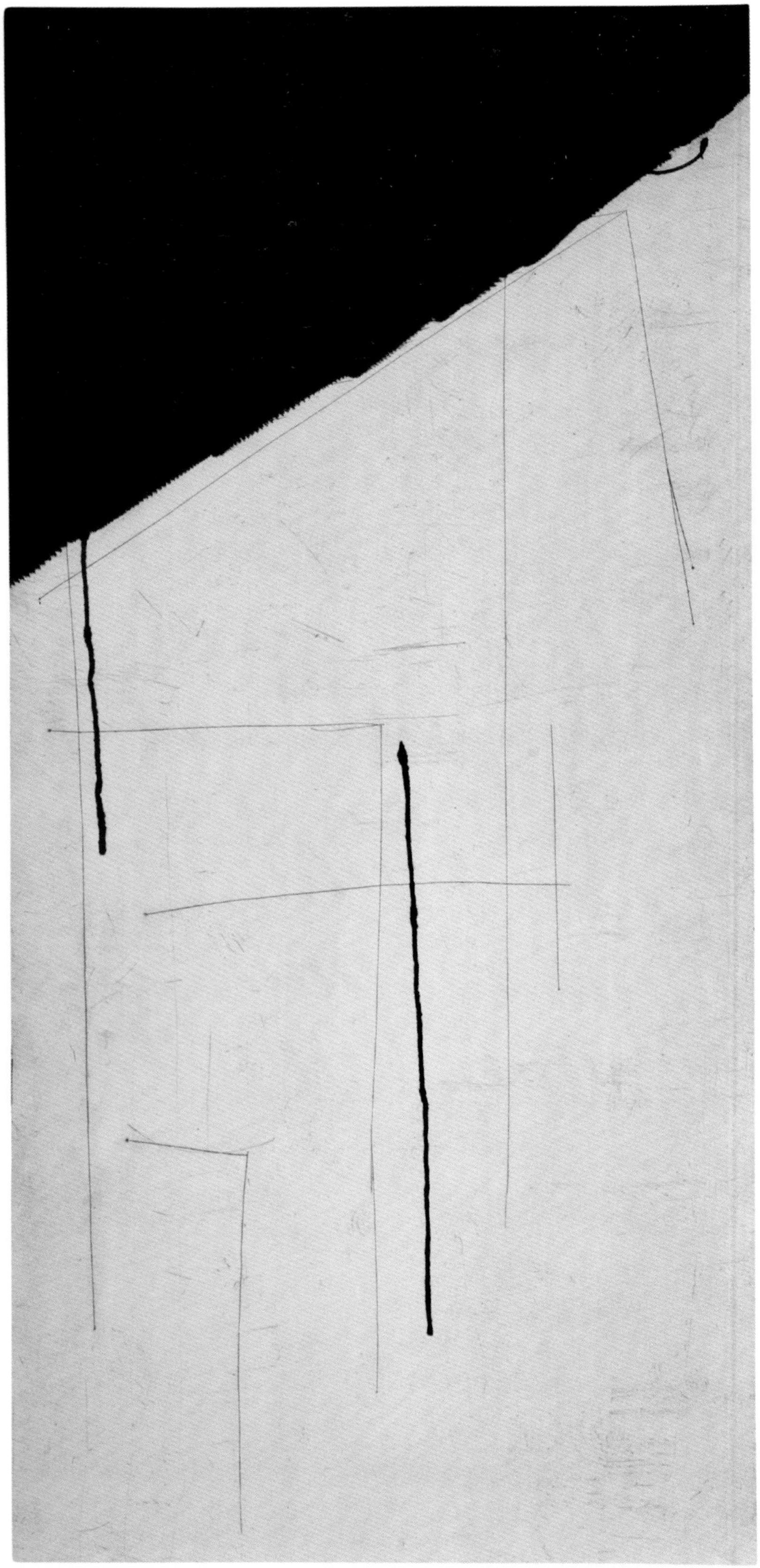

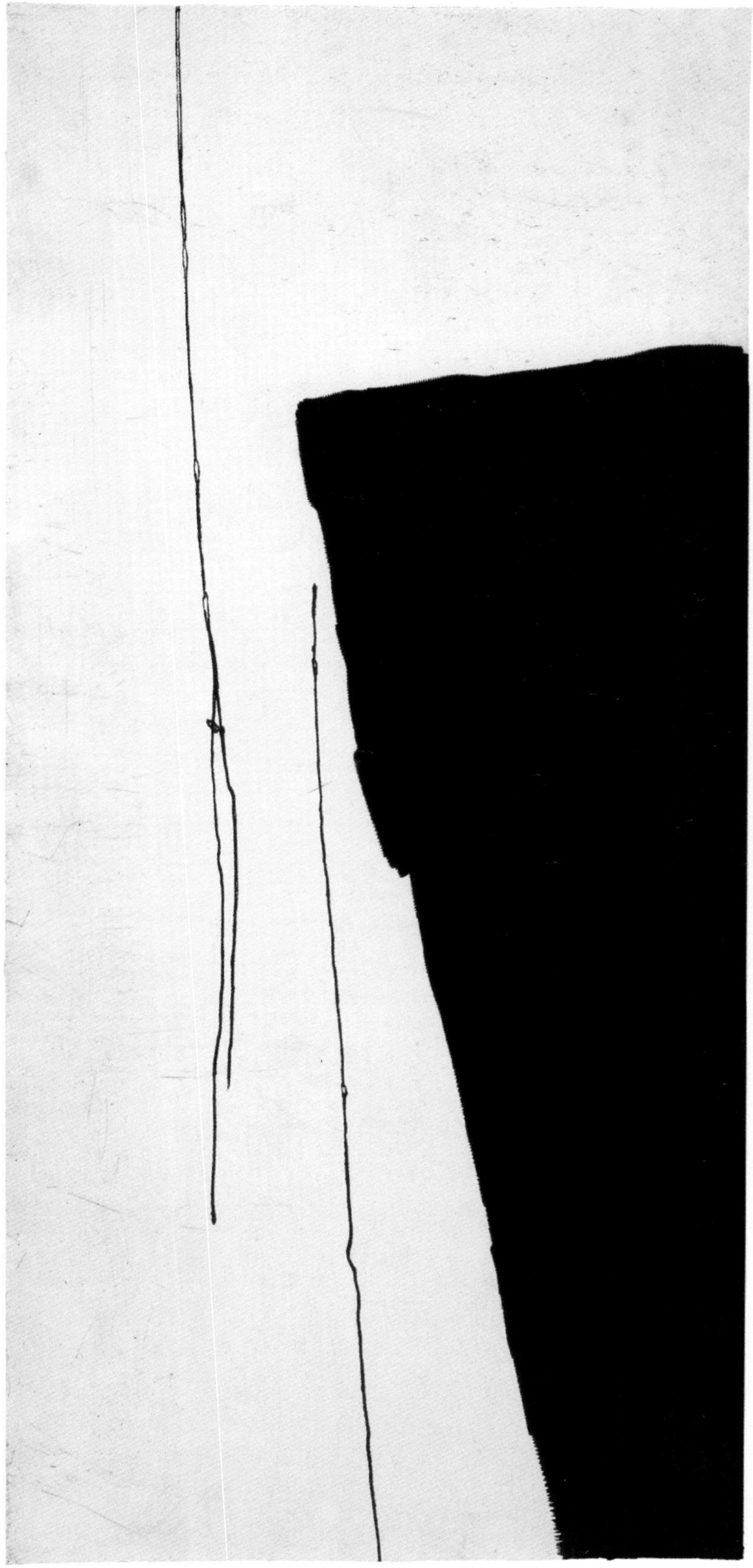

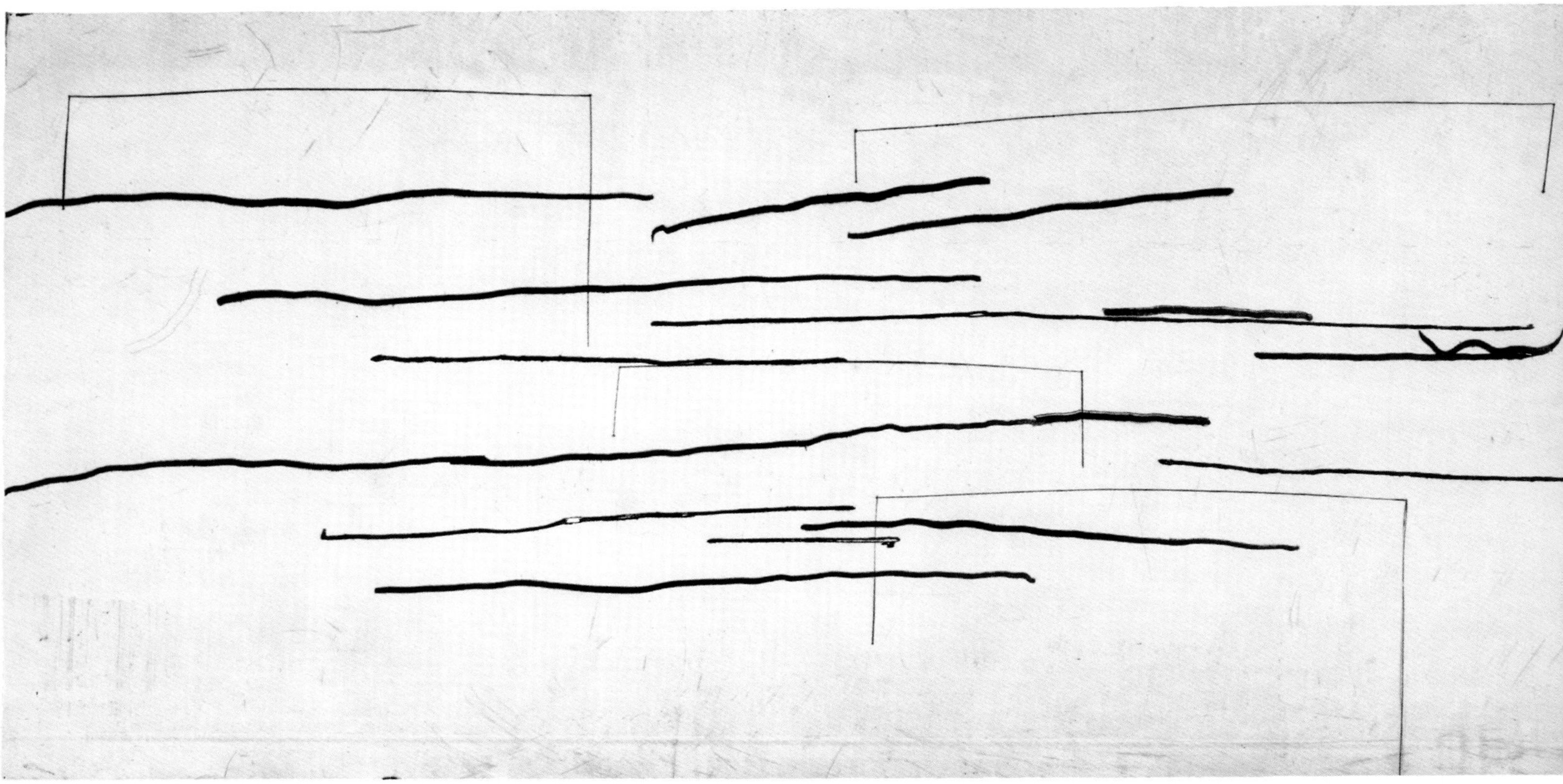

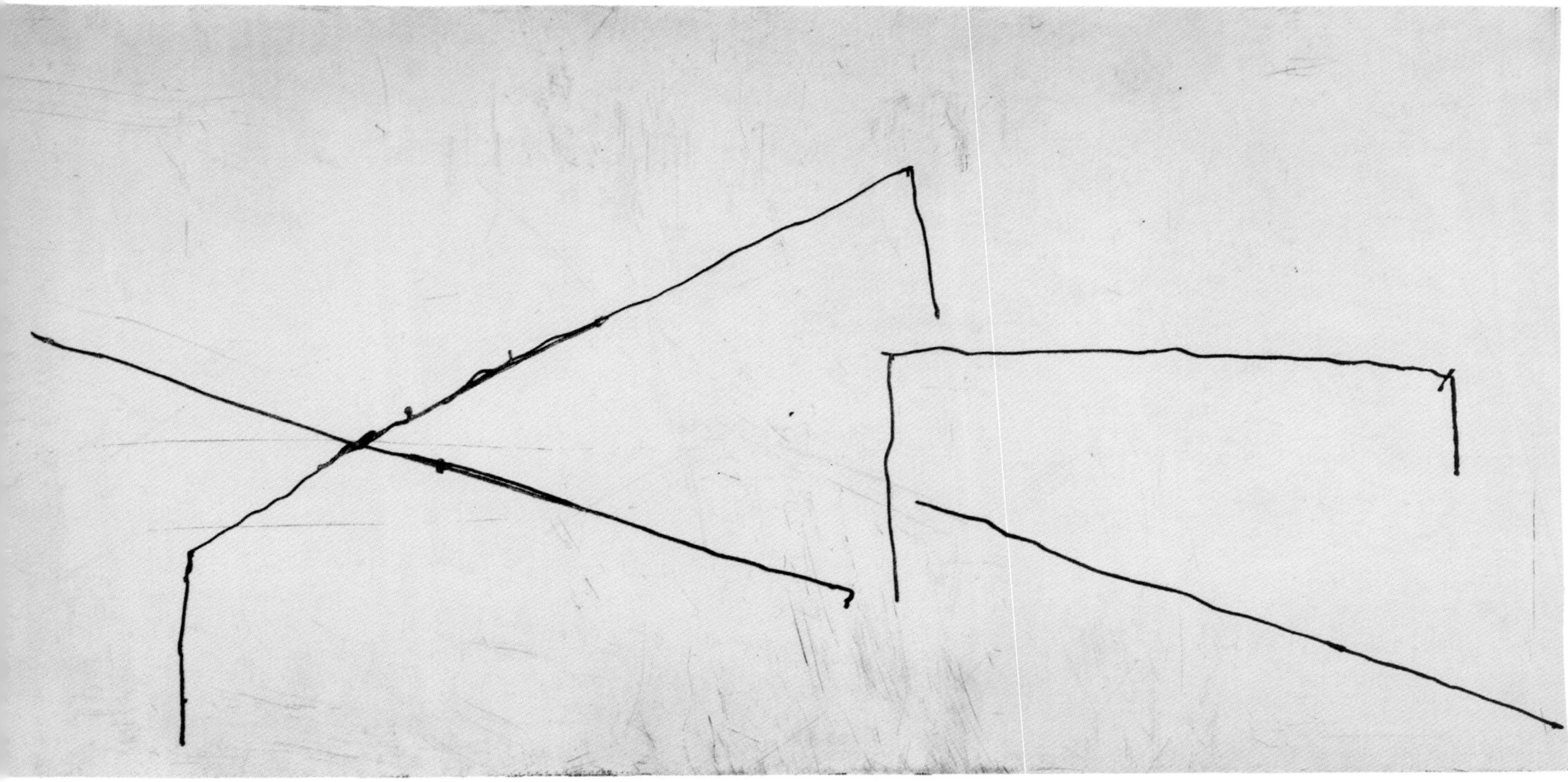

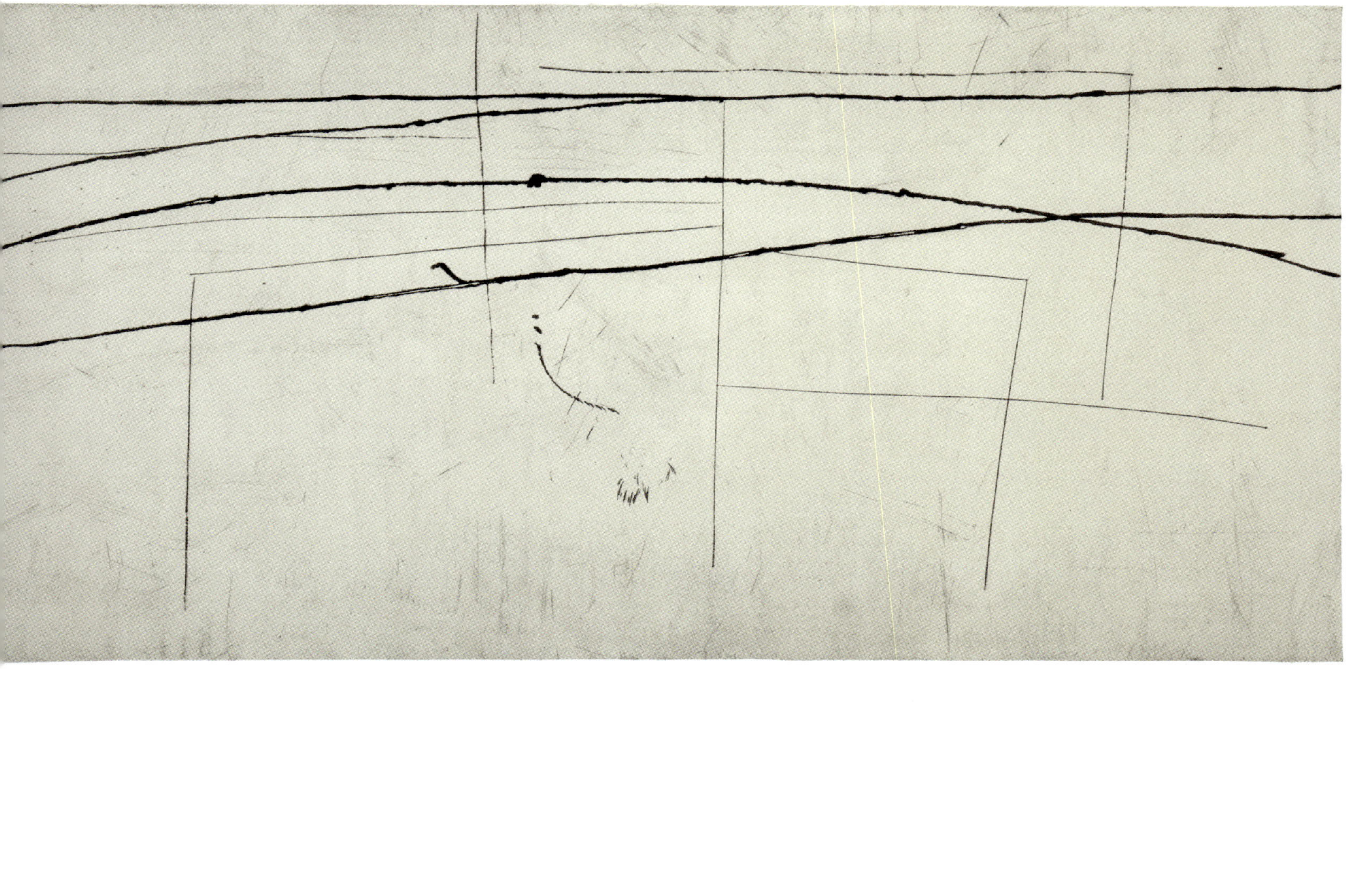

TODAS AS OBRAS AQUI REPRODUZIDAS SÃO GRAVURAS EM METAL, SALVO QUANDO INDICADO

[UNLESS OTHERWISE STATED, ALL WORKS REPRODUCED HERE ARE METAL ENGRAVINGS]

1991
360 x 180 cm

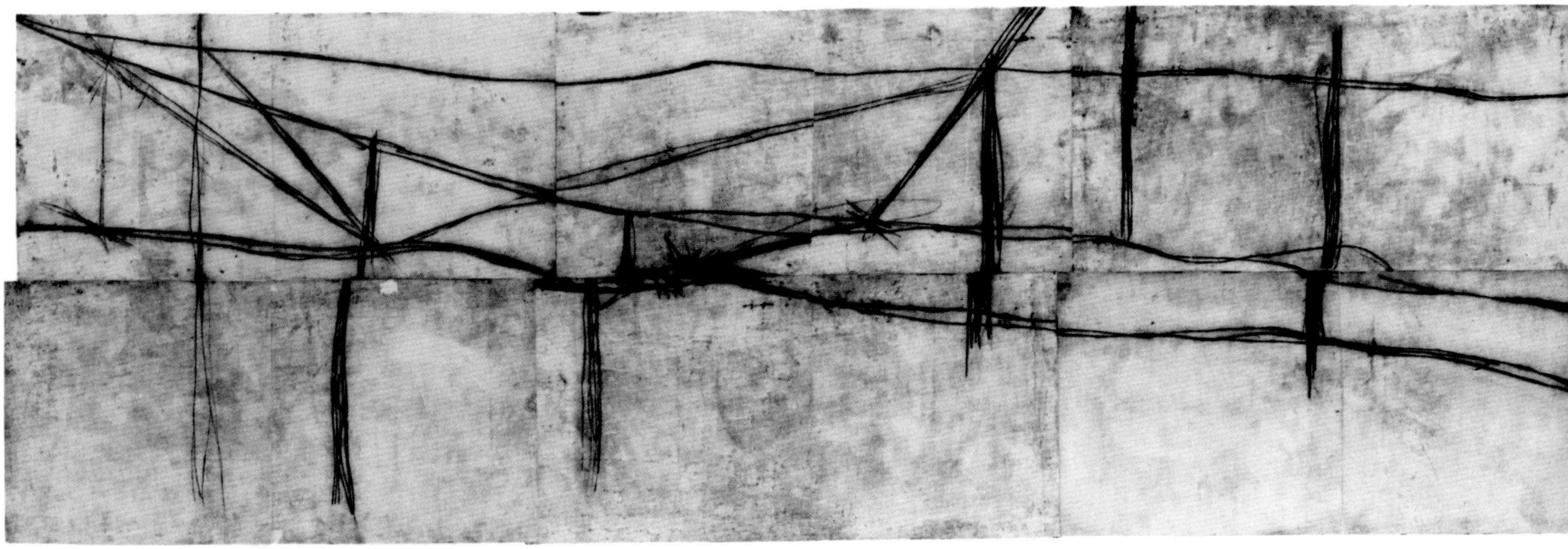

1991
120 x 360 cm

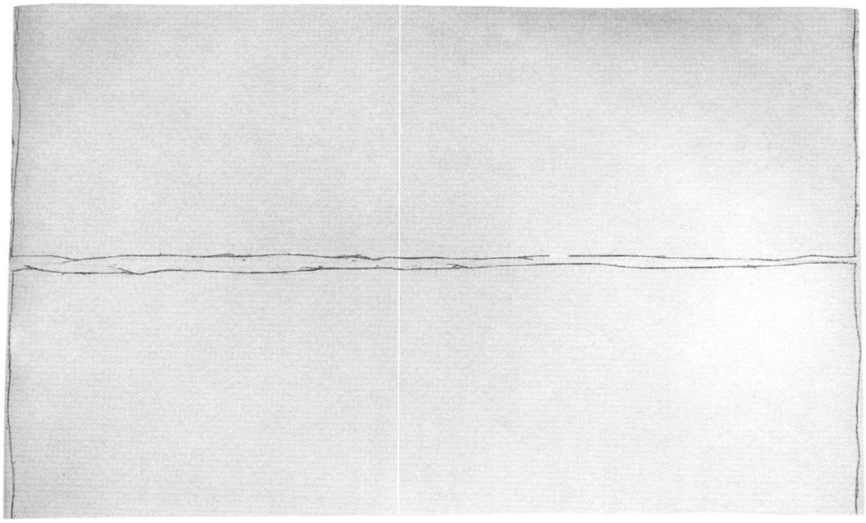

1992
120 x 200 cm

1992
240 x 240 cm

1992
180 x 240 cm

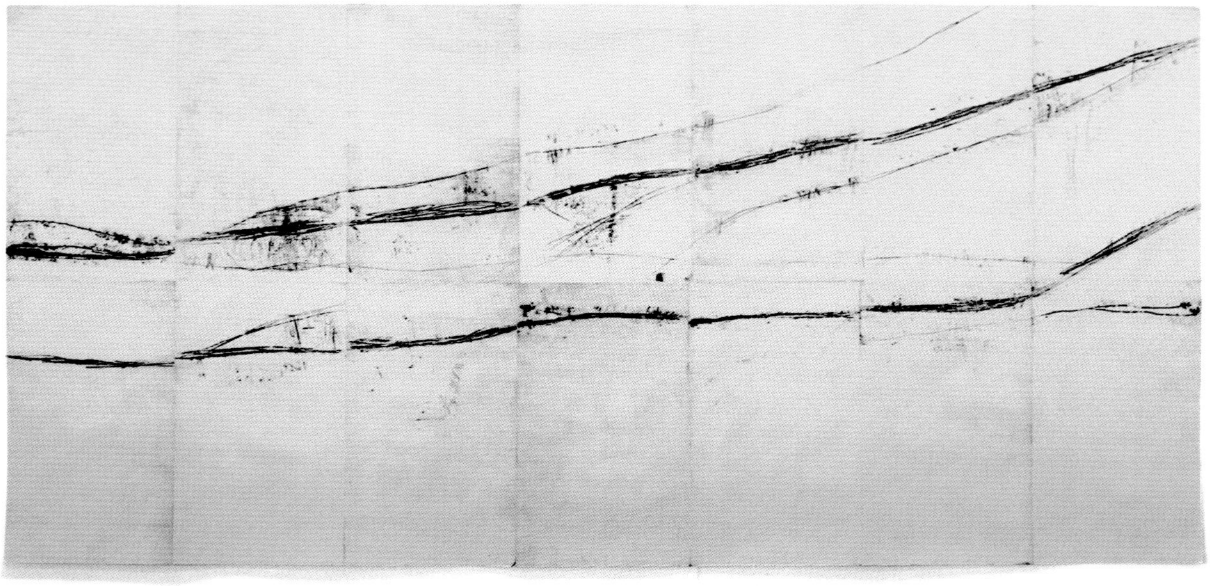

1992
240 x 420 cm

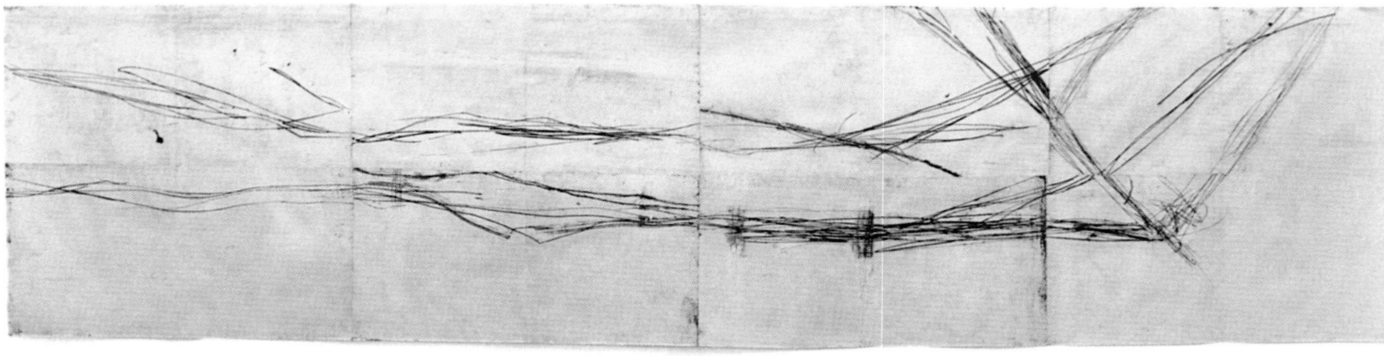

1992
120 x 480 cm

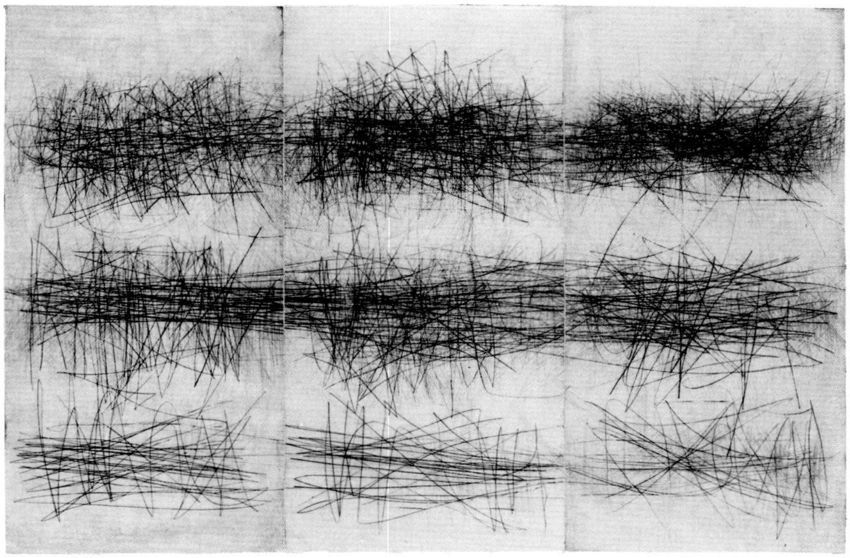

> 1994
120 x 180 cm

< Detalhe da exposição na Galeria André Millan, São Paulo, *1993*. Ao fundo, gravura de 120 x 240 cm. [*Detail of the exhibition at Galeria André Millan, São Paulo, 1993. In the background, 120 x 240 cm metal engraving.*]

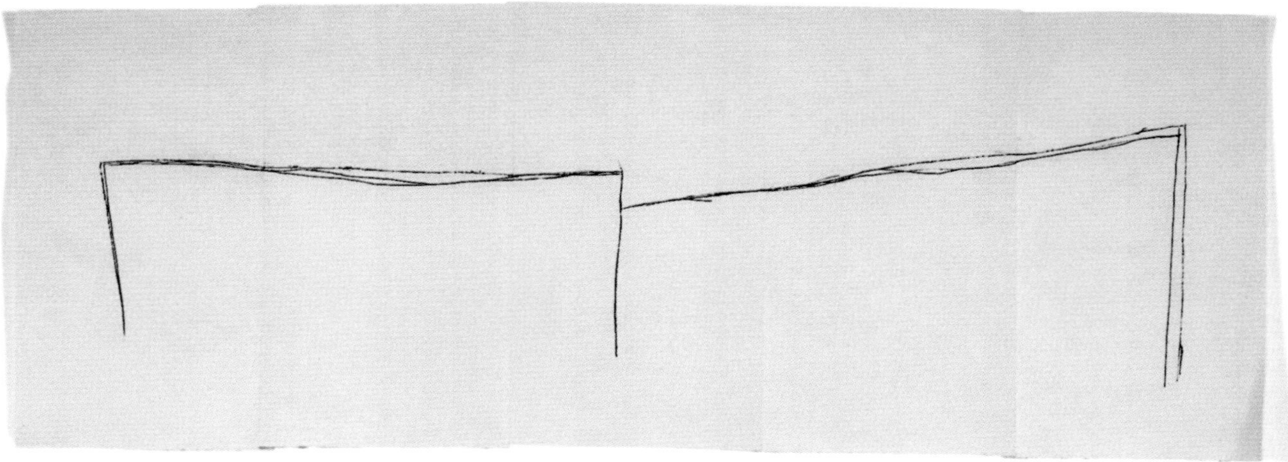

1995
120 x 300 cm

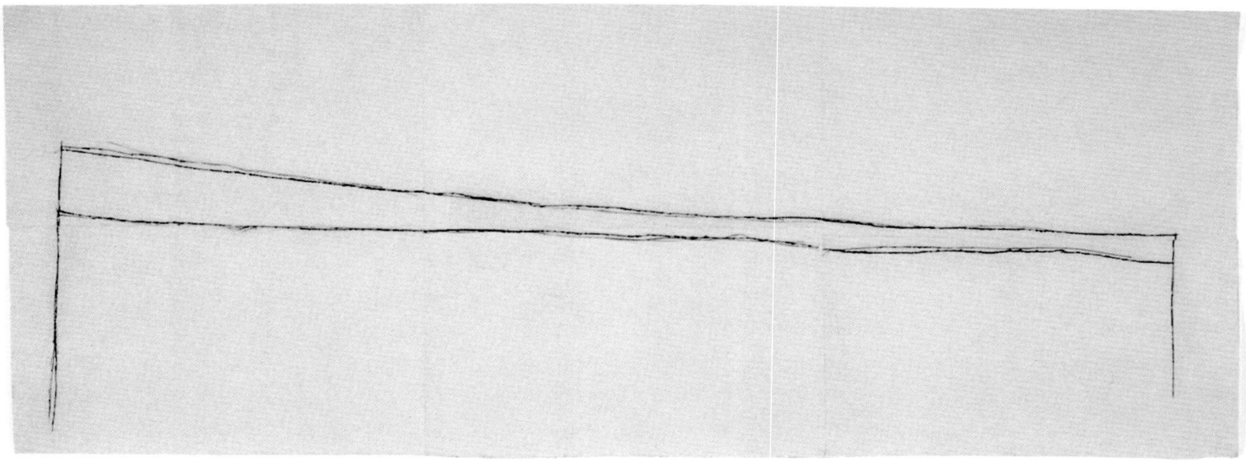

1995
120 x 360 cm

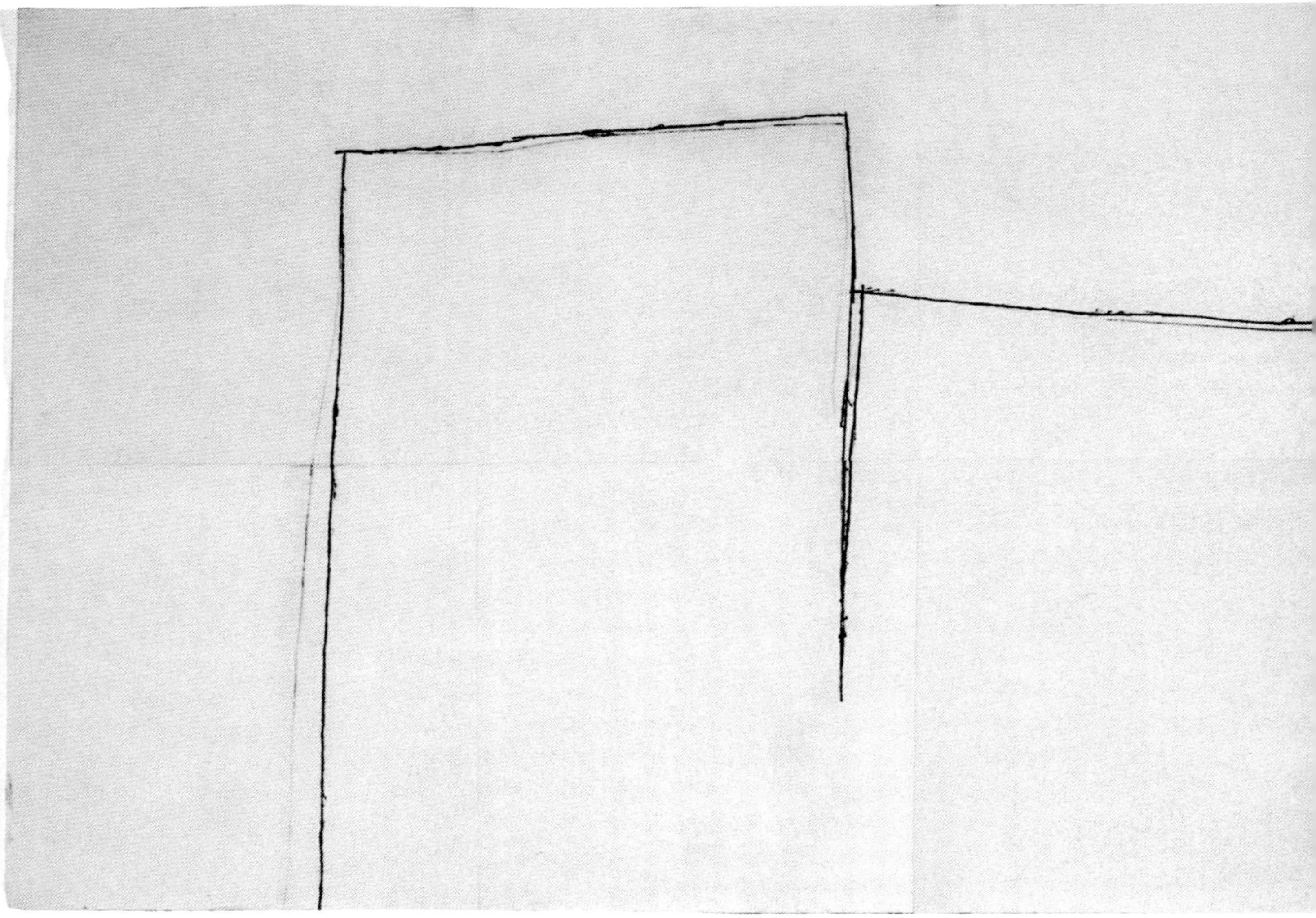

1997
120 x 360 cm

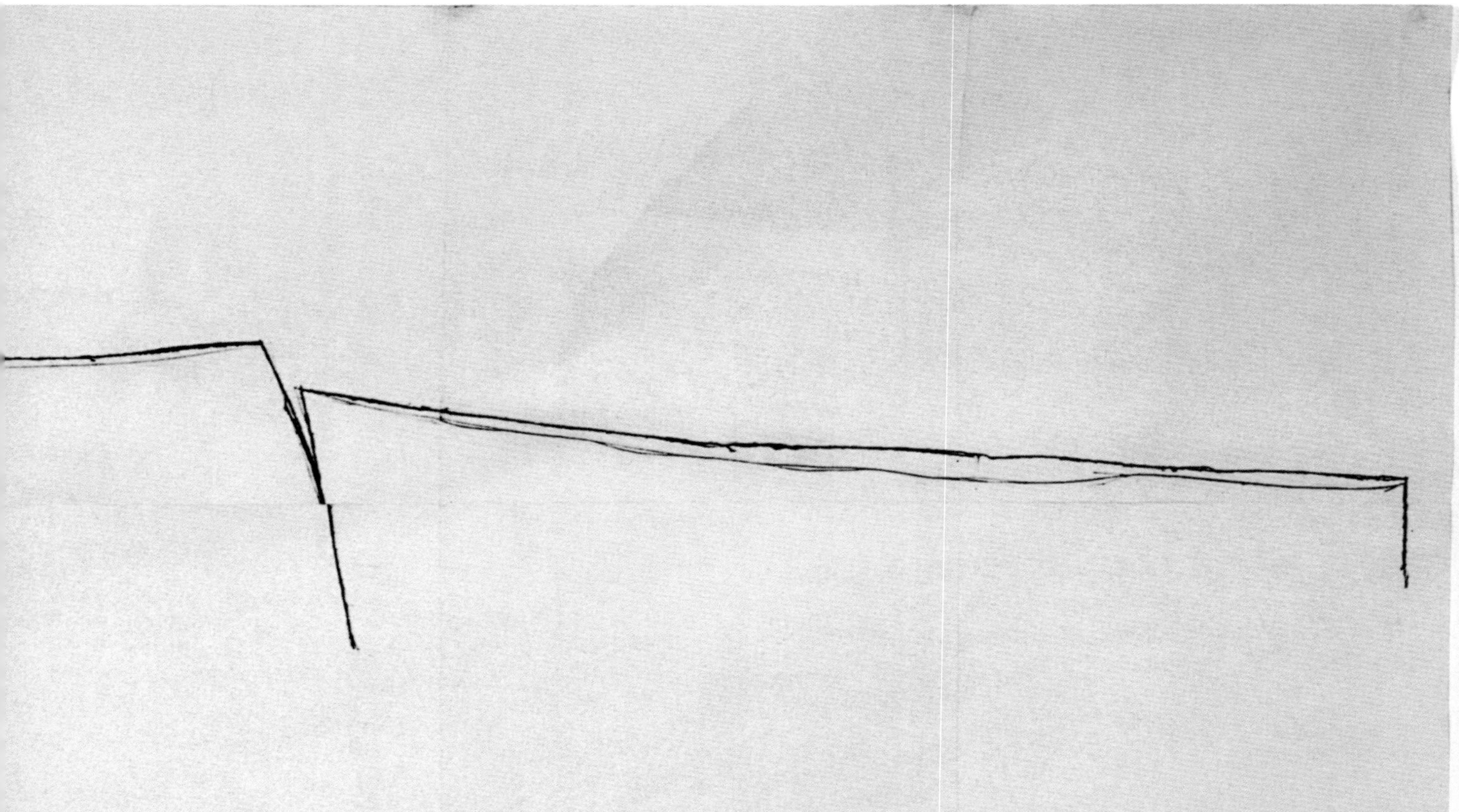

1997
monotipia em chumbo
[*monotype from lead*]
59 x 60 cm cada [*each*]

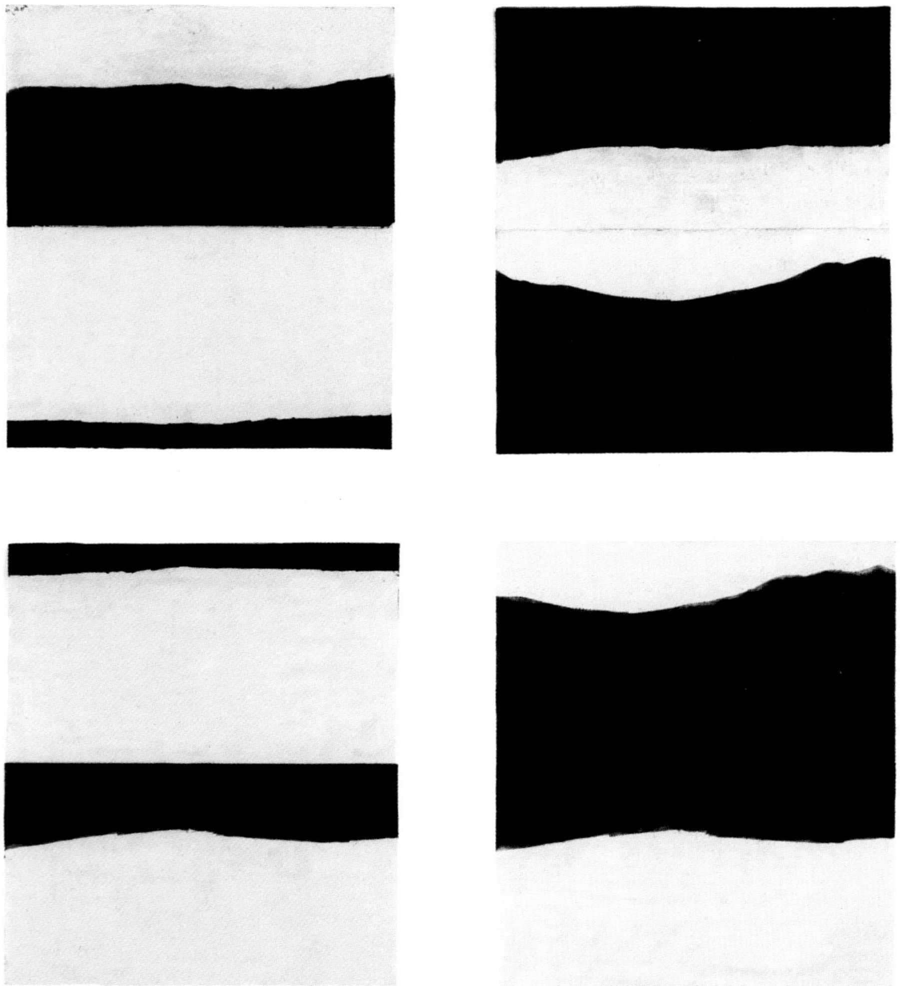

2000
120 x 120 cm (cada conjunto de 2 gravuras) [*each set of 2 prints*]

2000
300 x 600 cm (conjunto de 30 gravuras) [*set of 30 prints*]

2001
240 x 480 cm

2001
200 x 400 cm

2003
200 x 400 cm

2003
300 x 600 cm (conjunto de 9 gravuras) [*set of 9 prints*]

2003
200 x 200 cm (conjunto de 2 gravuras) [*set of 2 prints*]

2003
300 x 200 cm (conjunto de 3 gravuras) [*set of 3 prints*]

2004
300 x 400 cm

2004
400 x 300 cm

CRONOLOGIA

José Bento Ferreira

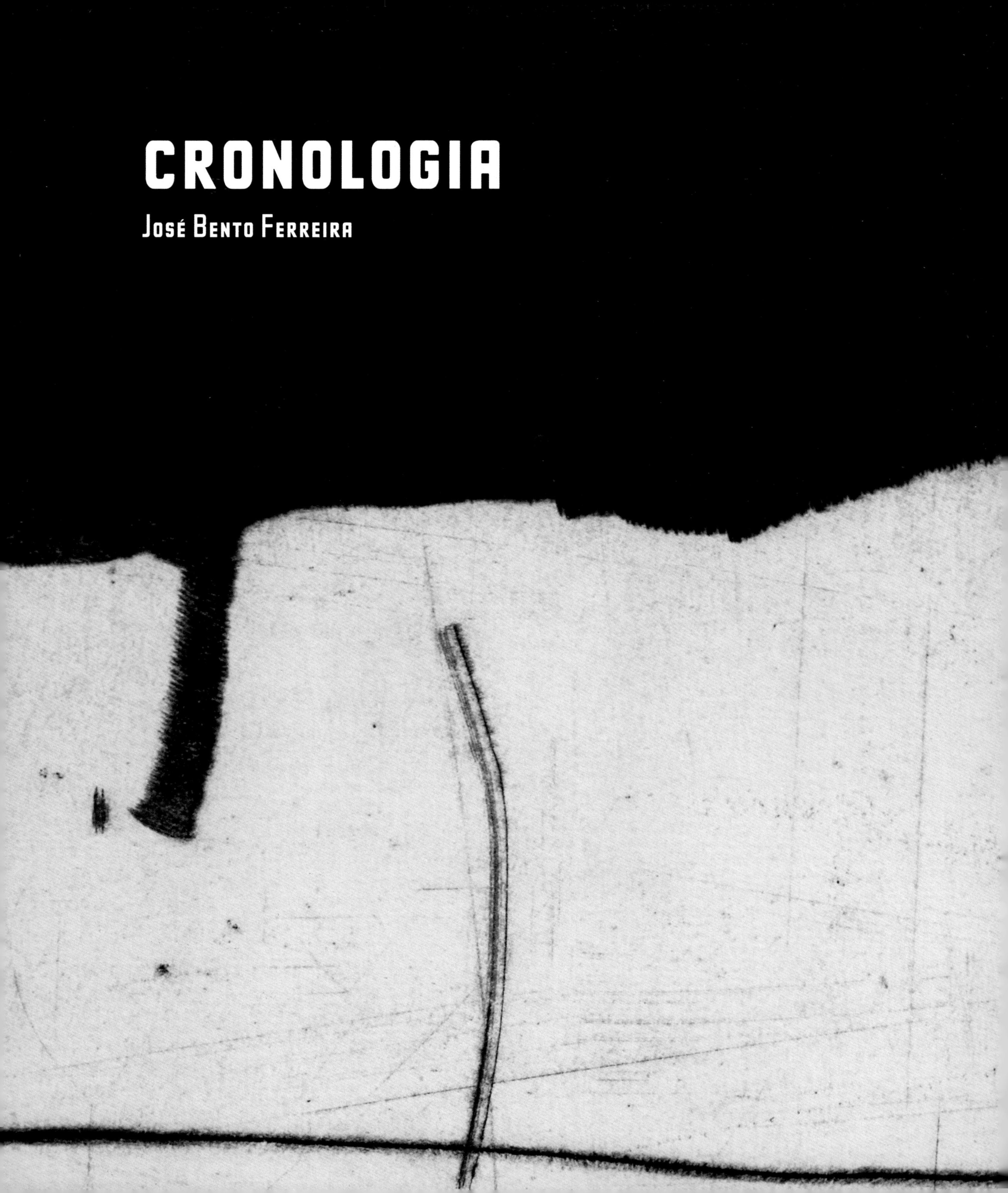

"Quando se começa a ser artista?", perguntou certa vez Elisa Bracher a um professor da faculdade de artes plásticas. "Quando se faz algum trabalho de arte, quando este é apresentado, quando as pessoas comentam ou quando chamam alguém de artista?" Arte é um conceito aberto; na verdade, o complicador não reside na palavra "artista", mas na idéia de um começo.

Por onde se começa a cronologia de um artista, pela vida ou pela obra? Biografias correm o risco de apresentar versões heróicas das vidas dos artistas, o que não combina com o nosso tempo. E quando começa a obra? Nos primeiros exercícios ou no momento em que se estabelece um estilo? Há pelo menos mais um complicador: a idéia de um final! Cronologias têm um começo incerto e terminam com reticências. Por isso esta cronologia começa com a sagaz pergunta de uma aluna da Faculdade Armando Alvares Penteado, que provavelmente teve por resposta uma comparação ardilosa entre a teoria institucional da arte e uma certa visão formalista da arte moderna.

Qualquer que tenha sido a resposta, a pergunta a excede em interesse e importância pelo simples fato de ter sido feita por Elisa Bracher, que teve a oportunidade de vê-la respondida de diversas maneiras ao longo de sua trajetória. Além disso, é notável que a pergunta tenha sido feita por uma estudante de arte. O estudante de medicina não perguntaria quando se começa a ser médico, pois é concebível que exista um mau médico, ou um mau advogado, mas o artista irrelevante tende a ser esquecido e dele é difícil dizer que seja ou tenha sido artista. Ao mesmo tempo, é possível que o trabalho de uma vida seja reconhecido apenas tardiamente ou após a morte. Nesse caso, o autor incompreendido foi artista ao longo de sua obscura vida ou seria ungido somente depois do reconhecimento?

Idéias como essas ocorriam a Elisa Bracher quando as gravuras intituladas *Referências aos Caprichos de Goya* foram selecionadas para a sétima edição da grande Mostra de Gravura Cidade de Curitiba, de 6 de outubro a 15 de novembro de 1988. A artista (?) tinha 23 anos, ainda freqüentava a faculdade e mirava-se em Goya.

A capital paranaense seria especialmente receptiva à jovem paulistana. No número 5/6 da revista *34 Letras*, de setembro de 1989, Elisa Bracher publicou "Os *Caprichos* de Goya", uma reflexão sobre o confronto com a obra do grande mestre espanhol. Quase em forma de diário, o texto apresenta os vários momentos desse contato, desde as primeiras impressões sobre os *Caprichos* ("1987") e a objeção à leitura surrealista ("Fevereiro de 1988") até a escolha da técnica de gravura em metal para os trabalhos que seriam feitos a partir de Goya ("Abril de 1988") e o reconhecimento de um lugar para o pintor na constelação que os jovens artistas por vezes montam para orientar o seu próprio rumo: Goya, Van Gogh e Miró. No momento em que decide o que ver em Goya, Elisa Bracher afirma um elemento importante da artista que ela viria a ser: "Goya não utilizou o traço e as cores delicadas, as linhas bem-definidas, mas sim representou, com fendas de buril, linhas sinuosas". Era "esse Goya" que valia ser visto, que mudou sua arte para corresponder à realidade das "pessoas sombrias, amedrontadas [...], o Goya que da maciez do pincel passa à aspereza do buril, atira o breu em sua chapa de cobre". As *Referências* recriam partes de gravuras dos *Caprichos*; não deixam de ser trabalhos íntegros pelo caráter de estudo e exercício que esse texto revela.

Dois anos depois Elisa Bracher participou da nona edição da Mostra de Gravura Cidade de Curitiba. Com data de 16 de julho de 1990, chegou à casa na rua Castro Delgado um telegrama de Curitiba. Começava pelo vocativo lapidar: PREZADA ARTISTA. Elisa Bracher havia conquistado um dos prêmios de aquisição da Mostra. Eram várias outras respostas para aquela pergunta: participar de exposições, ter um trabalho

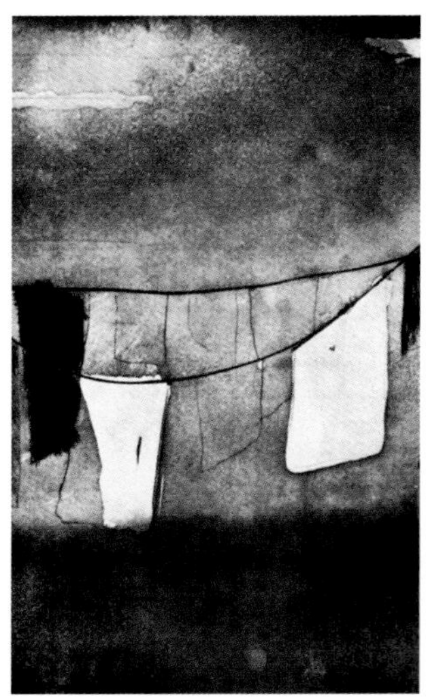

Gravura de Goya da série Os caprichos, *1793-96, e gravura de Elisa Bracher da série* Referências aos Caprichos de Goya, *1988.*

[Goya's metal engraving from the *Los Caprichos* series, *1793-96*, and Elisa Bracher's metal engraving from the *Referências aos Caprichos de Goya* series, *1988*.]

adquirido pela instituição, ser chamada pelo nome do ofício. A gravura sem título feita com ponta seca integraria um acervo público, o da Fundação Cultural de Curitiba, cidade então governada pelo arquiteto Jaime Lerner. Seria provisória ou definitiva a transfiguração (como diria o espirituoso Arthur Danto) da estudante em artista? A mensagem despedia-se com votos de SUCESSO EM SUA CAMINHADA, lembrando que insondáveis e tortuosos são os rumos tomados pelas carreiras artísticas.

Outro telegrama seria enviado ao Alto de Pinheiros no ano seguinte. Este vinha do Rio de Janeiro e, como o anterior, qualificava-se "urgente". O presidente do Instituto Brasileiro de Arte e Cultura, órgão vinculado à Presidência da República, apresentava EFUSIVOS CUMPRIMENTOS PELO SUCESSO OBTIDO no XII Salão Nacional de Artes Plásticas, que foi realizado em Brasília. Mais uma gravura de Elisa Bracher era premiada, ao lado de trabalhos de artistas como Daniel Feingold, Márcio Périgo e Geórgia Kyriakakis. Entre outros, estavam na comissão de premiação os críticos Casemiro Xavier de Mendonça e Ronaldo Brito, além do pintor João Câmara. Elisa Bracher recebeu a "medalha Unesco" e a importância de dois mil dólares.

Quem folheia os catálogos de Curitiba e Brasília precisa procurar o nome de Elisa Bracher para encontrar as imagens dos trabalhos. Mas ao folhear o catálogo do XXIII Salão Nacional de Arte, um evento do Museu de Arte de Belo Horizonte, os fortes riscos verticais da gravura em metal e sua presença sutil no papel não deixam dúvidas de que se trata dela. A imagem do trabalho, então, é que leva ao nome da artista, novamente premiada por "comissões julgadoras", das quais fizeram parte os críticos Aracy Amaral e Rodrigo Naves, além dos artistas Iole de Freitas e Amílcar de Castro. O leitor atento pode estranhar a realização de um "XII Salão Nacional de Artes Plásticas" e de um "XXIII Salão Nacional de Arte" no mesmo ano. Eram os idos de 1991, e as instituições públicas brasileiras passavam por um período de indeterminação comparável às inquietantes teorias da arte que ocupam a mente de um jovem artista.

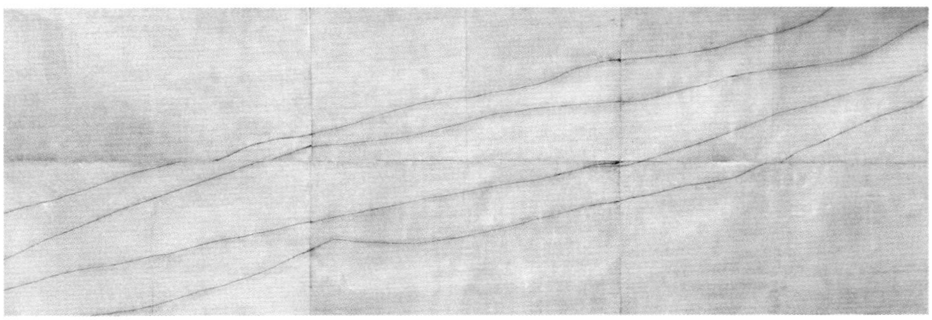

Sem título [Untitled], *1989, gravura em metal* [metal engraving], *120 x 360 cm.*

Apesar da aguda crise do meio de arte nesses anos, Elisa Bracher conseguiu se estabelecer como artista, o que não significa apenas realizar exposições em todos os anos da década, por vezes mais de uma por ano, como ela fez. Também significa ter autonomia para mudar e evoluir. Com isso, mais uma resposta para a pergunta que ficara no ar: ser artista não é só adquirir um estilo, mas saber mudar de estilo, ou trabalhar de modos diferentes com um denominador comum, que se pode chamar de poética.

Elisa Bracher criou uma linguagem própria na gravura a partir da preferência por técnicas e ferramentas mais rudes do que as que aprendera com o artista e professor de muitos artistas Evandro Carlos Jardim. Traços sobre o metal, dos quais se vêem vestígios no papel, são os gestos fundamentais das gravuras de Elisa Bracher, mais ou menos como as pinceladas para o expressionismo abstrato. A sobreposição de traços para formar linhas grossas em meio a respingos de ácido não se dissimula como na gravura tradicional: o acidente é parte do trabalho e a matéria da arte é o próprio fazer. Em 1992, Elisa Bracher mostrou essas gravuras em exposições coletivas no Museu de Arte Moderna de São Paulo, no Museu Nacional de Belas Artes, no Rio de Janeiro, e novamente em Curitiba, onde foi premiada mais uma vez.

Mas não resta dúvida de que um passo decisivo para a formação de todo artista é a primeira exposição individual. A de Elisa Bracher foi na Galeria André Millan, em São Paulo, em 1993. Não havia ali gravuras, mas esguias estruturas de cobre. Lá estava o mesmo metal das gravuras, que era fustigado com politriz e ácido nítrico, agora como suporte para esculturas. O cobre retorcido por chamas de maçarico sugeriu à crítica Sônia Salzstein a comparação com a arte de Alberto Giacometti.[1]

Formava-se a poética de Elisa Bracher, uma artista cercada de um aparato industrial para a produção de gravuras e esculturas. Não era o nova-iorquino da rua 10

1 Texto sem título, no catálogo da exposição. São Paulo: Galeria André Millan, 1993.

Exposição no [Exhibition at the] *Museu de Arte Moderna de São Paulo, 1992.*

Exposição na [Exhibition at the] *Galeria André Millan, São Paulo, 1993.*

com sua tela deitada no chão e casaco respingado de tinta. Não era o chefe da equipe de assistentes que comanda a execução de um modelo. Era a mulher lotada na marcenaria da Vila Leopoldina, munida de maçarico e máscara de soldador. Seu desafio era fazer com que o uso de poderosas ferramentas resultasse em desenhos sutilmente equilibrados, como se o trabalho de arte pudesse redimir a violência da produção industrial.

O envolvimento de Elisa Bracher com suas técnicas era de tal ordem que entre 1993 e 1994 custou-lhe uma intoxicação pelas substâncias químicas usadas na gravura em metal. Na página 30 do catálogo da exposição "Vento Sul", com artistas argentinos, brasileiros, chilenos e paraguaios, as grossas linhas verticais de uma gravura testemunham esse arroubo, esse derramamento.

Algo mudou na arte depois do insólito acontecimento da vida. Em 1995, numa exposição coletiva no MAM de São Paulo, chamada "Entre o Desenho e a Escultura", exibiram-se três esculturas de Elisa Bracher feitas entre 1993 e 1995 com madeira, material mais dócil do que o metal. Assemelhavam-se às grossas linhas das gravuras, formavam espaços parecidos com os das esculturas de cobre retorcido, e o aspecto gasto dos dormentes simulava o efeito causado pelo maçarico. O furor pode ter sido amenizado, mas a escultura em madeira representou um salto crucial para a arte de Elisa Bracher. Em 1995, as novas esculturas foram mostradas em exposições individuais no Paço Imperial e no Espaço Cultural dos Correios, no Rio de Janeiro. Em 1996, uma delas valeu à artista um prêmio de aquisição do III Salão MAM-Bahia.

Elisa Bracher continuou expondo esculturas e gravuras em diversas cidades, mas um novo passo decisivo seria dado em 1997 pela exposição individual realizada na Galeria Camargo Vilaça. Rodrigo Naves refere-se a esses trabalhos no texto "Madeira

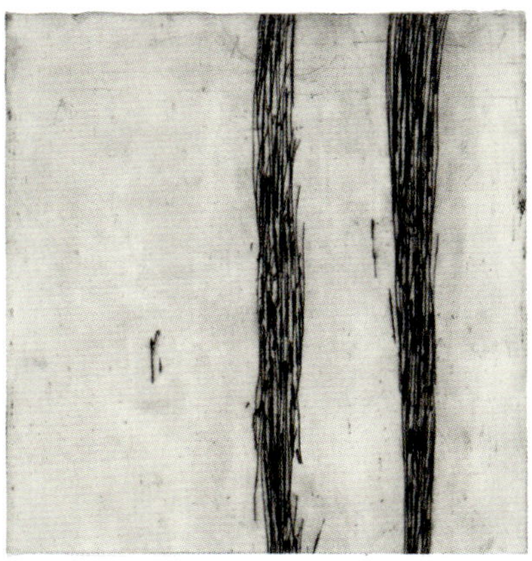

Sem título [Untitled], 1993, *gravura em metal* [metal engraving], *60 x 60 cm.*

Sem título [Untitled], 1995, *madeira* [wood], *315 x 66 x 28 cm.*

sobre madeira", escrito posteriormente.[2] Segundo o crítico, a escultura de Elisa Bracher aparece ali "afastada de questões espaciais e com mais ênfase no volume". Em lugar de montar "moradas e passagens", como havia descrito Sônia Salzstein,[3] as novas esculturas formavam blocos compactos. Faltava pouco para se chegar ao formato das "esculturas monumentais", apresentadas no ano seguinte pela exposição individual na Pinacoteca do Estado, em São Paulo, pela mostra "O Beijo", no Paço Imperial, e pelo livro com fotos de João Musa e texto de Rodrigo Naves (ver nota 2). Em 1999, o Paço Imperial realizou a exposição individual "Extra-Muros" com várias esculturas ao ar livre, no pátio externo do prédio histórico.

As "esculturas monumentais" são os trabalhos mais conhecidos de Elisa Bracher. Podem ser vistos nos mais variados lugares de São Paulo e em outras cidades brasileiras. De certo modo começa-se a ser artista quando todo o caminho pregresso toma novo rumo, adquire um sentido novo. As longas linhas das gravuras, que exigiam uma chapa de metal mais ampla e várias folhas de papel emendadas, tomaram corpo e forma nas enormes toras polidas que se equilibram umas nas outras.

No ano 2000, Elisa Bracher expôs os "painéis facetados", grandes composições a partir de pequenas folhas que adaptaram a técnica tradicional da gravura a um procedimento contemporâneo de montagem. Com essa exposição de Elisa Bracher, ao lado de uma exposição da artista Laura Vinci, inaugurava-se, sob a direção do professor Lorenzo Mammì, o espaço de exposições de arte contemporânea do Centro Universitário Maria Antonia, que deixava de ser a ruína de um tempo inglório para fazer jus à memória da resistência. O CEUMA tornou-se um espaço aberto para a livre experimentação artística. A prova disso é a importância vital daquele trabalho de Elisa Bracher, que seria marcante para toda a sua produção posterior de gravuras.

2 Rodrigo Naves, in *Madeira sobre madeira – Elisa Bracher*. São Paulo: Cosac Naify, 1998, p. 34.

3 Sônia Salzstein, "Moradas e passagens: topologias", in *Elisa Bracher*. São Paulo: edição da artista, 1996.

Exposição na [Exhibition at the] *Galeria Camargo Vilaça, São Paulo, 300 x 100 x 100 cm, 1995.*

Capa de [Cover of] Madeira sobre madeira, *editado pela* [published by] *Cosac Naify em 1998.*

A nova proposta para o antigo prédio da Faculdade de Filosofia, Letras e Ciências da Universidade de São Paulo implicava uma verdadeira intervenção urbana nos simpáticos porém sombrios quarteirões entre a rua Maria Antonia e a região central de São Paulo. Essa era a idéia de "Genius Loci, o Espírito do Lugar", uma série de intervenções artísticas em espaços públicos da vizinhança concebida por Lorenzo Mammì em 2002. Elisa Bracher participou com uma de suas "esculturas monumentais", que foi instalada no largo do Arouche. A exemplo das grandes chapas metálicas de Richard Serra, a escultura incomodou os passantes e a prefeitura determinou sua retirada. No mesmo ano, a artista foi agraciada com a instalação de uma escultura sua nos jardins do Palácio da Alvorada, residência oficial do presidente da República. Mas o Estado voltou a envolver a obra de Elisa Bracher no imbróglio dos mandos e desmandos. No ano seguinte, foi devolvida.

No meio-tempo, a obra de Elisa Bracher foi mostrada em lugares tão diversos quanto o Museu Imperial da China, o Museu de Arte Contemporânea de Bordeaux, o Instituto Cultural Brasileiro em Berlim e o Centro Cultural Dragão do Mar, em Fortaleza, onde uma escultura foi instalada em caráter permanente.

Em 2003, Elisa Bracher modificou suas esculturas ao deitar as toras, de modo que deixassem sua postura "monumental" para baixar ao patamar do espectador – sem perder a imponência dos volumes, mas tornando-os mais visíveis e tangíveis. O resultado foi mostrado no Gabinete de Arte Raquel Arnaud. As fotos de João Musa em *Madeira sobre madeira* haviam sido feitas a céu aberto no parque Villa-Lobos, onde a sofisticada montagem das madeiras rivalizava com os formatos pueris dos edifícios ao longe. As imagens de 2003 impressionam ao mostrar os grandes volumes no interior do Gabinete de Arte. A escultura, com sua viva cor, parece querer romper as brancas paredes e sair pela noite na rua Artur de Azevedo, como se brotasse.

Esculturas monumentais [Monumental sculptures]: *largo do Arouche, São Paulo, 2002; Palácio da Alvorada, Brasília, 2002.*

Segundo o crítico Luiz Camillo Osorio, as esculturas e gravuras apresentadas nessa exposição "são brutas e amenas, monumentais e econômicas"; o "peso do negro", que confere "horizontalidade oceânica" às gravuras, confronta-se com a "resistência e o silêncio das coisas", manifestos nas esculturas.[4] A dupla atividade artística de Elisa Bracher parece então perfeitamente coerente. A mesma poética tem por matéria o volume das madeiras e o espaço plano das chapas de cobre. A artista trabalha para equilibrar essas pressurosas forças em composições estáveis, dignas de ser vistas, com autonomia para se manter em pé, no caso das esculturas, ou para que os diversos elementos das gravuras se sustentem.

4 Luiz Camillo Osorio, "Quase árvores / não árvores / silêncio", catálogo da exposição. São Paulo: Gabinete de Arte Raquel Arnaud, 2003.

Em 2005, Elisa Bracher realizou um trabalho chamado *Out There*, em Norwich, na Inglaterra. Trata-se de uma gravura a céu aberto, com longos traços horizontais. Por ser vista em espaço externo, tem traços vermelhos, mas de um vermelho sujo e ocre. Nessa gravura, vestígios da fatura mimetizam marcas de intempérie sobre coisas que ficam ao relento. Esse trabalho notável confere ao traço manual a dignidade das interferências mais grandiosas do engenho humano sobre a natureza, como a capacidade de construir grandes obras e de alterar paisagens.

Ao mesmo tempo que mostra novas gravuras, Elisa Bracher trabalha agora em novas esculturas de mármore. Em lugar de toras, são grandes massas de rocha que se equilibram nas alturas. Se a madeira das "esculturas monumentais" era polida em arestas uniformes, as enormes lascas de mármore se equilibram por força de suas próprias irregularidades. As formas irregulares erguem-se com imponência ostentando várias faces de pedra, que evidenciam os cortes e perfurações a que foram submetidas.

Saber mudar é uma das virtudes dos artistas do presente. A arte de Elisa Bracher ainda pode gerar grandes desdobramentos.

Out There, *obra exposta em Norwich, Inglaterra* [work exhibited in Norwich, England], 2005.

Sem título [Untitled], *1998, mármore* [marble], *550 x 300 x 250.*

Exposição [Exhibition] *"Maneira Branca", Estação Pinacoteca, São Paulo, 2006.*

CURRÍCULO [CURRICULUM]

EXPOSIÇÕES INDIVIDUAIS [SOLO EXHIBITIONS]

2006 "Maneira Branca", Pinacoteca do Estado de São Paulo, São Paulo
Gabinete de Arte Raquel Arnaud, São Paulo
2003 Gabinete de Arte Raquel Arnaud, São Paulo
2000 Centro Universitário Maria Antonia, São Paulo
1999 "Extra-Muros", Paço Imperial, Rio de Janeiro
1998 Pinacoteca do Estado de São Paulo, São Paulo
1995 Galeria Camargo Vilaça, São Paulo
Espaço Cultural dos Correios, Rio de Janeiro
Paço Imperial, Rio de Janeiro
1993 Galeria André Millan, São Paulo
1991 Individuais simultâneas, Centro Cultural São Paulo/Pavilhão da Bienal, São Paulo

PRINCIPAIS EXPOSIÇÕES COLETIVAS [SELECTED GROUP EXHIBITIONS]

2005 "Gravura", Galeria Gravura Brasileira, São Paulo
V Biennale Internationale de la Gravure de l'Île de France, Versailles
"Out There", Sainsbury Centre for Visual Arts, Norwich, Inglaterra
2004 Instalação permanente de duas esculturas monumentais no [*Permanent installation of two monumental sculptures at the*] Centro Cultural Dragão do Mar, Fortaleza
2002 Instalação de escultura monumental no [*Installation of monumental sculpure at*] Palácio da Alvorada, Brasília
Instalação de escultura monumental no [*Installation of monumental sculpture at*] largo do Arouche, São Paulo
2001 "Côte à Côte", CAPC, Bordeaux, França
"Arte Brasileira Contemporânea", itinerante, Pequim, Xangai e Shenzhen, China
2000 "Expo 2000 Hannover", esculturas monumentais no pavilhão brasileiro [*monumental sculptures at the Brazilian pavilion*], Hannover, Alemanha
"Esculturas no Parque da Luz", instalação permanente do acervo da Pinacoteca do Estado de São Paulo [*permanent installation of the Pinacoteca do Estado de São Paulo collection*, São Paulo
Celma Albuquerque Galeria de Arte, Belo Horizonte
Mostra do acervo de gravuras, Museu de Arte Moderna de São Paulo
"Os 90", Paço Imperial, Rio de Janeiro
1998 "O Beijo", Paço Imperial, Rio de Janeiro
1997 Galeria Casa da Imagem, Curitiba
Simpósio Internacional de Arte Contemporânea, Curitiba
"Workshop 97", Artistas Alemães e Brasileiros, Museu de Arte Moderna da Bahia, Salvador
1996 "Novas Aquisições – Coleção Gilberto Chateaubriand", Museu de Arte Moderna do Rio de Janeiro
III Salão MAM-Bahia, Museu de Arte Moderna da Bahia, Salvador
"Escultura ao Ar Livre", Galeria das Esculturas, Centro Cultural São Paulo, São Paulo

1995 "Entre o Desenho e a Escultura", Museu de Arte Moderna de São Paulo

1994 "Vento Sul", II Mostra de Artes Visuais Integração do Cone Sul, Cascavel (PR), Curitiba, São Paulo, Rio de Janeiro, Assunção (Paraguai), Madri (Espanha)

1993 "Encontros e Tendências", Museu de Arte Contemporânea da Universidade de São Paulo, São Paulo

1992 Mostra América de Gravura da Cidade de Curitiba

"Gravidade e Aparência", Museu Nacional de Belas Artes, Rio de Janeiro

"Gravuras – Elisa Bracher, Herman Tacasey, Mariannita Luzatti", Museu de Arte Moderna de São Paulo

"Artisti Contemporanei", Galleria Candido Portinari, Embaixada do Brasil, Roma, Itália

1991 XXIII Salão Nacional de Arte de Belo Horizonte

Prêmio Brasília de Artes Plásticas/XII Salão Nacional de Artes Plásticas, Brasília

Programa de Exposições, Centro Cultural São Paulo, São Paulo

Premiados de 1990, Fundação Cultural de Curitiba

1990 IX Mostra de Gravura Cidade de Curitiba

1988 VIII Mostra de Gravura Cidade de Curitiba

PRÊMIOS [AWARDS]

1996 Prêmio Aquisição, III Salão MAM-Bahia, Salvador

1992 Prêmio Aquisição, Mostra América de Gravura Cidade de Curitiba

1991 Medalha Miró/Picasso, concedida pela Unesco no Prêmio Brasília/XII Salão Nacional de Artes Plásticas

Prêmio Aquisição, Salão Nacional de Arte de Belo Horizonte

1990 Prêmio Aquisição, VIII Mostra de Gravura Cidade de Curitiba

OBRAS EM COLEÇÕES PÚBLICAS [WORKS IN PUBLIC COLLECTIONS]

Fundação Cultural de Curitiba

Museu de Arte de Belo Horizonte

Museu de Arte Moderna de São Paulo

Museu de Arte Moderna da Bahia, Salvador

Museu Dragão do Mar, Fortaleza

Pinacoteca do Estado de São Paulo, São Paulo

Unesco, Brasília

Universidade Federal de Ouro Preto

OBRAS EM ESPAÇOS PÚBLICOS [WORKS IN PUBLIC SPACES]

Avenida Nove de Julho (Yázigi), São Paulo

Centro Cultural São Paulo, São Paulo

Espaço Rio Branco, avenida Rio Branco, Rio de Janeiro

Essex Museum, UECLA Collection, Inglaterra

Hallersdorf, Berlim, Alemanha

Kinoplex, São Paulo

Parque Villa-Lobos, São Paulo

Praça Eneas Martin Nogueira, São Paulo

ENGLISH VERSION

MANIÈRE BLANCHE

Lorenzo Mammì

Why do we still make prints? In a sense, all artistic techniques are untimely, if for no other reason, at least because they point out the uniqueness of things in an age of serial reproduction. But the print already entails a process of reproduction, albeit a tortuous, precarious one, even as fully automatic and practically instantaneous reproductive methods are currently available. There is no point in saying that the aforementioned process restores nobility to the work through controlled, conscious actions. To be sure, the attraction that print-making holds over the Brazilian artistic milieu has something to do with nostalgia for a modernity that never existed in a country that transitioned abruptly from the archaic to the postmodern. But these are still social or moral arguments, not aesthetic ones – a poetics is not built on something that never existed. If there is an answer to the question, it ought to be a formal one; though not formal from a technical perspective – line typologies or shadings made possible only with the resources of print-making –, but in print-making's substantial, specific relationship between what is seen (the image), the process that produces what is seen, and the materials that support it. In other words, between that which the work shows, the way in which the work is made and what the work is.

The distinguishing feature of print-making is the relationship between print and matrix. What the observer sees is not directly the artist's work (which is on the matrix), but its imprint on paper; likewise, what is on the matrix is not the image as conceived by the artist, but its negative. The work is always absent, elsewhere. This relationship (which appears to me to be the distinguishing feature of the print as an aesthetic problem)[1] engenders precise consequences: the white of the print is not an empty space, like the white of a drawing; on the contrary, it is the precise moment at which the surface of the plate touches the surface of the paper, without an interval – it is fullness, at times evinced by the impurities that one material passes on to another. Black, on the other hand, is the hole into which the paint sinks: a mass whose density is the measure of the hollowness of the emptiness that produces it. The light and dark areas of Goya's *Tauromaquias* could never have been as dramatically achieved in a drawing, even if the same paint had been applied over the same paper: the whites would lack the ideal presence of the untouched plate and, with it, the idea of nothingness that is not empty space at the disposal of movement, but a compact and impenetrable surface; and the blacks would be lacking the sensation of a material that sucks, closed in on itself and incomprehensible, intuitable only in outline. In print-making, the plenitude of the whites and the abyss of the blacks contain an existential intensity that is not possible with other media. This might explain why all prints, without exception, are melancholy.

The same type of inversion may be found in the nature of the line: the freer and looser the incision appears to be, the more it required complicated intermediations, as in the case of etchings or aquatints. To attack the plate directly, on the contrary, demands muscular effort that leaves evidence of its original nature as a groove upon the printed line. Drawing becomes a sort of taming activity, an inch by inch conquest of space. This is also how the white of the print takes on the nature of dense, resistant matter.

Finally, the scale: the print's format is always the fruit of compromise between the size of the plate and the size of the paper. If the measurements are small, it is the sheet that determines the format; but if it grows, it is the boundaries of the plate and the press that become determinant factors.[2] To be sure, technical progress currently allows for the construction of machines able to produce prints of hitherto unthinkable dimensions; but, in addition to being extremely expensive and hard to come by, the alterations of format that they make possible are often irrelevant. Jannis Kounellis, one

1 The case of photography seems to me to be different, for the photographer acts only in the "positive" moments of the process (the click and the developing); he doesn't *make* the negative – the camera does.

2 I am referring specifically to metal-cut engravings. In woodblock printing, one can always resort to manual printing with a spoon.

of the masters of *arte povera*, once explained[3] his preference for formats that bore the earmarks of everyday use: the size of a sheet of paper, of a door, of a double bed. Habit has conferred a density of meaning upon these measurements that no professional calculation could guarantee. The traditional limitations of the sheets and plates are also historical facts charged with expressive meaning. Their overcoming must also be expressive and not merely technical.

Large scale prints have been attempted since the Renaissance through the juxtaposition of separate plates and sheets. By current standards, however, they are not even all that large. For example, the famous *Crossing of the Red Sea* produced in Titian's studio is made up of twelve sheets, and measures 220 cm on its longest side; yet the monumental quality of the image is due to the solemn rhythm that the repeated outline of the sheets confers upon the movement – the Egyptian horsemen penetrate the sea across three sheets, surrounded by four sheets of stormy waves, as the Hebrews observe the scene from the two sheets in the lower right hand margin. Here, the spatial scansion determined by the boundary of the plates becomes a temporal factor, a narrative articulation. The discrepancies of paint and the way the lines do not continue seamlessly from one sheet to the next are not defects but, to modern eyes, an inciting key to reading: some sheets contain nothing but waves or clouds, others are chock full of figures and anecdote. The unperturbed division of the sheets puts everything on the same plane and once again refers us to the resistant density of the emptiness: if space must be conquered inch by inch, everything is read as detail, even the straight line of the horizon that extends sheet after sheet. In print-making, the relationship between the whole and the parts is somehow inverted: the part is always greater than the whole – in gazing at figures in a traditional print, we instinctively look for meaning in each line of the reticule that determines shading, more than in the overall effect.

3 Interview given to Franco Fanelli, in *Il Giornale dell' Arte*, Nov. 1988, p. 77; also in J. Kounellis, *Eco nell' oscurità*, s.l., Trolley, 2002, pp. 236-43; cf. *Quello che posso sostenere è una vecchia idea*, 1987, loc. cit., p. 55.

Finally: there is no free space in prints, nor infinite space – whether within, in depth; or around them, in extension. Therefore, there is no predetermined format (except for those of operational boundaries), nor is gesture free. Everything must be dug out. And the value lies in the manner in which the mute work of excavation offers itself to view, even as it is overcome in the image.

Among current Brazilian print-makers, Elisa Bracher might be the one who most clearly goes straight to the heart of the matter, disregarding specific technical problems linked to the genre's history. The artist's sculptures, particularly the large-scale ones intended for public spaces, have somewhat relegated her activity as a print-maker to the sidelines. The latter, however, appears to me to be fundamental to any understanding of the whole of her work. Here, the relationship between print-making and sculpture is not only biographical: the sculptures grow directly out of the prints, from the search for an essential relationship between the line and the excavated design and the white, resistant, dense space of the paper. Precisely because of its struggle with material space, Elisa Bracher's intuition that print-making is more intimately related to real space – and therefore to sculpture and architecture than to painting and drawing – is crucial to her work. It possesses affinities with the most architectural of the genres of painting: the fresco, which also maps the wall in "day's work" (parts of paintings to be carried out over the course of a single day before the plasterwork hardens). It is worth noting that large scale prints such as the abovementioned *Crossing of the Red Sea* were once known as the "frescoes of the poor".

Basically, the prints that Elisa Bracher produced from 1990 to 1992 already dealt with constructing a wall with lines. The groove's urgency in prolonging itself is what determined the format, generating the extension across various plates and, consequently, the juxtaposition of the sheets. During that period the abrasions and the impurities of the plate still played a fundamental part in making the plate's presence on the paper perceptible and, so to speak, dramatizing the operation of printing. Beginning in 1993, the prints become cleaner, both in terms of their lines and in the areas they cover or delimit; for this very reason, the central problem raised by those works becomes even more transparent: one print in particular, from 1993, appears to me to constitute something of a paradigm in this regard.

It is composed of four sheets measuring 60 x 120 cm, placed in two rows of two so as to form a 120 x 240 cm rectangle. Two fine, oscillating outlines run over them, dividing the area into two smaller, parallel rectangles measuring approximately 60 x 240 cm. The perimeters of the incised rectangles come close to coinciding with those of the sheet on three sides and run parallel in the middle, converging slightly on the right side. But what is imprinted here is no mere outline. The area within the two rectangles is also that of the print: the white of the plate on the white of the paper – such that the white acquires a tectonic power that the sheets alone would not guarantee. Other prints from the same period show more open structures, horizontal lines that extend beyond a single sheet, seeking support (at their extremities) from vertical lines standing in emptiness, in an illusion of grounding. Thus, the white that envelops the design becomes simultaneously background and plane of support, and that ambiguity – a dynamic of three-dimensional forces in a two-dimensional space – is what enables the passage from print to sculpture, which, similarly, only takes place circa 1993.

The copper sculptures of that period are, in fact, prints projected into real space. They are designed in such a way (down to the use, when needed, of false, *trompe l'oeil* perspective) that the area within which they stand takes on an ambiguous status halfway between fullness and emptiness, between a flat screen and a seamless backdrop, between floor and wall. But it cannot be denied that, as they become sculptures, the lines cease to be lines (albeit groove lines, material lines, as is the nature of prints): they aspire to volume. And they do, in fact, become explicitly more voluminous when Elisa Bracher passes from copper to wood in 1993, but above all in the years that follow. It is a gradual process that goes from the inverted u-shapes of figures still analogous to those in the copper sculptures to unworked u-shapes and finally to the juxtaposition of the great logs in her best-known sculptures, where empty space no longer exists (except virtually), crushed as it is by the weight of the logs falling over one another. Thus, space becomes mass and it is *as mass* that it returns from sculpture to print. Not directly, though: around 1995, Elisa Bracher experiments with oil stick on rice paper as a technique. In both dimensions here, she is obviously looking for a differentiation of consistencies that originates in sculpture: the lightness and transparency of the paper suggesting a condensed empty space, greasy blocks of paint literally leaning on them, almost like things. But it is also evident that those drawings refer again to typical procedure of print-making: the mezzotint (or *manière noire*, as it is known in France).

Manière noire is a technique that produces a dense reticule of dots upon the plate, transforming it into a grainy, porous surface that sucks up the paint and generates deep black stains upon the sheet of paper. Images are thus obtained by sanding parts of the reticule so that the paint does not cling to those regions and generates chiaroscuro effects upon the print. Although, initially, it was primarily used to simulate the effects of oil painting, mezzotint seems to me to be more than just another resource. The black that it produces is a bottomless dark, simultaneously seductive and gruesome, more of a sealing off than a form. Whereas the prints, as images, are always elsewhere, as previously mentioned, and even if, even though, through the mechanism of impression, the empty spaces take on a material urgency that is impossible in other mediums, it is within the black of the *manière noire* that the very essence of printmaking lies, with its absence/presence that pierces the image: the apparition of the negative over the positive, the shadow of the plate that covers the sheet like an eclipse. It is something that is already present in the finest groove, in the most apparently immaculate white, something that explodes in those designs with incontrovertible evidence.

Elisa Bracher does not employ the *berceau* – an instrument that is traditionally used in this technique. Her black areas are produced with industrial instruments. Nor are her light areas obtained by smoothing out. Only what was not touched by machines is white. Thus, the technique is reduced to the essential: an alternation of white and black areas, the white ones occasionally crossed by one or very few lines. If same-size sheets, printed from different matrixes – or from the same matrix, but with different directions – are juxtaposed, the margins of the sheets generate other lines in the light areas, but not in the dark ones. Thus, a modular (albeit only partially recognizable) sequence is created. A rational process of construction, sketched out in the clear areas, sinks in the dark ones. Here, form and mass, line and stains are not complementary aspects of something unitary, but antithetical situations of perception that alternate in a potentially infinite sequence. The juxtaposition of the sheets, in the prints of five or six years before, was the result of a prolonged, conscious gesture of excavation. Something now emerges that can neither be fully grasped nor plainly seen: a sequence of blind spots that interrupt the gesture and impose a logic of their own. The alternation of fullness and emptiness that the sequence suggests is not metaphoric, as in a drawing or a painting, but real and bodily because it corresponds to the fullness and emptiness of the plate. However, it was removed and is no longer present. Those works suggest a new relationship with sculpture and, beyond that, with architecture – the art of fullness and emptiness *par excellence*.

As for sculpture, an apparently paradoxical aspect of Elisa Bracher's sculpture may become increasingly clearer as her print work advances – to wit that, in spite of their size, they are introverted and even modest. In fact, more so than in their contours, the sculpture is within, in the place in which one log is printed upon the other – it is here that the mass is generated (in the technical sense of the term: the relationship between weight and volume).

As for architecture: in the March 2000 exhibition at the Centro Universitário Maria Antonia, the sheets covered two entire walls, including a corner, and allowed the room's pair of slender white pillars to interfere in the rhythmic sequence established by the alternation between whites and blacks. Much contemporary print-making attempts to project itself into three-dimensional space. In most cases, the solutions found remain on an abstract level. The concept of incision is used to transform the print into a low relief, or the concept of printing to make it a *bricolage*. The problem is that the design then loses its specificity, without acquiring the potency of that which it approaches. In my opinion, one of the greatest merits of that exhibition by Elisa Bracher was to have suggested that print-making is, indeed, architecture – albeit an architecture of what is not there, an architecture of the irremediably distant (or, if you will, the concrete presence of that which is no longer). In any case, the more it remains two-dimensional, the stronger the print's spatial pregnancy, a witness to an unreachable space. Whereas the willful gesture of the early 1990s brought to mind *The Crossing of the Red Sea* from Titian's studio, the abovementioned show recalled Dürer's *The Triumphal Arch of Maximilian I*, a veritable monument to the non-existent.

For a long time, Elisa Bracher studied landscape (and still does): landscape theory, landscape iconography, and such things. Like print-making, landscapes are the image of what is distant, but in another sense: the print's distance is in time; that of landscape is in space. The landscape's distance is meant to be seen; the print's is meant to be touched. Therefore, the reference to landscape, when it is explicit, admits yet another approach, different from the one suggested by the relationship between print and sculpture or print/architecture. In fact, the print/landscape dialectic is the one that predominates in the most recent prints. It is no longer enough that the space be impenetrable: it must also be unreachable – and that is what makes the white necessary. If black pulls in, white casts outward. In the most recent prints, white tends to be predominant, not so much in terms of occupied area, but of position. Rarely do the black stains extend beyond two sides of the sheet, and rarely do they occupy them completely. Whenever they do occupy an entire side, they refrain from extending to other sheets. Black almost always appears to be inside white and not over it, as in previous prints.

The matter of format must be added to this. It is a standard measurement, 100 x 200 cm, the largest possible on the press used by Elisa Bracher. Those measurements are no longer eluded by the juxtaposition of the sheets and by the disposition of the stains, but accentuated – sometimes implicitly, by the internal structure of the work itself; at times explicitly by the resource to the chamfer that leaves a black frame on the margin of the sheet. For the first time, the artist works systematically from a framing. In addition to this, oblique lines or progressions of lines suggesting depth appear more frequently. Finally: a suggestion of retrocession, of empty space, emerges from the compact whiteness of the sheet/plate.

To say that "a recess emerges" is no doubt paradoxical, although that is, in fact, what happens. Everything begins with the plate and returns to it: the iteration of the format, without the escape provided by the juxtaposition of the sheets, does no more than reinforce its presence. And, although the figuration of each print is closed in on itself and independent, they grow by being displayed side by side, without any interval, as one might store an industrial object. The images that appear in them traverse the artist's entire repertory: the use of impurities in the early works, the slender structures that generated the copper sculptures, the black stains of the early 2000s. The novelty lies in their coming together, generating rough drafts of narrative or description, illusions of spaces and references to a possible figuration, more than a fully achieved figuration. Each sign seems to be the expression of a possibility contained in the plate, of a form that she herself creates through her resistance to the trauma of the incision. Thus, the artist's work consists in attempting to excavate a void in the copper, not so that the material will surrender to an illusionist construction, but in order for it to attempt to close itself up once more and heal the wound. Therefore, the essential narrative will be precisely this respiration by which emptiness is born from fullness, as an illusion of possible space, and is constantly reabsorbed by it. Similarly, but in inverted form, to the way in which, in the mezzotint, the white reliefs rise precariously up out of the black, constantly threatened by the abyss that surrounds them. In a way, Elisa Bracher's recent prints speak of a void that no longer exists, and of how its absence is felt.

IDEOGRAMS

Sônia Salzstein

1.

These increasingly laconic, concise works call our attention to the fact that their execution may have required extenuating labor and intense bodily involvement – an objective contradiction, for what work there is can only be seen in terms of an indifferent frontal quality as the absence of work: a diagram that ritualizes and expurgates the human history that engenders it and of which, in turn, there are no more than traces. For example: some of these mural-prints, in which the profound wear and tear and the incision of the metal matrixes ought naturally to say something about the arduous labor of preparing the plates, of confronting the great areas that would be rough-hewn and transformed, present, in lieu of this, an hieratic *grafisme* devoid of drama. One finally comes to know the work through this sort of non-work that the work "produces", these various voids that the works end up printing upon the surface.

Lines that would seem disheveled in copper matrixes, unobstructed as they were with the convincing, irreducible purity of invented machines and tools, soberly expose their *useless bravery*: they glide fluidly, almost elegantly, across the surface of the papers. On other occasions they are sequences of short, taut or petulant lines, making zigzag movements in a ritual that reduces transcendence and that seems to erase or enfeeble some sort of possibly insinuated depth: "L" or "U" shapes scrawled across the metal with a quickness that denies all eloquence. What must have been a veritable clinch of the electric sanding machines with the hardness (or the excessive ductility) of the metal was only translatable into a posthumous event in which gesture – knowable only after its "death", for it leaves no trace of effort, of the corporal tonus with which they worked on the plates – reverts to non-apprehensibility: areas fatigued by the excess of pigment they soak up to the point of saturation.

It is not that these graphic events have been totally stripped of any memory of the work; the latter does remain in touch, albeit like something speaking from the past, through the phantasmagorical monumentality of an extraordinary reservoir of energies that have fallen out of use. Surrounding all this, the vague surface of the paper, benumbed within a purely physical environment, about which one might ask whether it celebrates a faltering state prior to history or subsequent to the new global morality that has stricken all things.

Other works present vestiges of a grayish film, a zone of dirt and indeterminacy that is hinted at beneath the two-dimensional rictus of the framings. Perhaps that film should evoke the materials and instruments typical of the labor of print-making, or even the solemn atmosphere of the old industrial warehouse in which they are planned and stored – anything that might finally speak to the world of labor, to sweat, to the heat and combustion of energies that have always identified the work historically as an ethical model of making in our imagination.

The case is that all the accidents that make up the film – stains, scrawls, occasional traces of lack of control and the hand's tribulations in the handling of tools – are uniformly distributed across the surfaces of the large panels. They are inexpressive and appear to have merited some neutral attention, less intense than that which is accorded to "accidents" during the process of artistic creation, almost always gladly incorporated to it; the latter, on the contrary, led us to believe that their suppression or appreciation was deemed irrelevant if, indeed, one had ever heeded them. Finally, the prints do not give us any sign of the formication of the technical process from which, logically, they must have arisen, nor of the bodily performances that their "production" implied (the quotation marks are due here to conceptual hesitation: can there be "production" where there may have been no "work", or where there may only have been a ritual devoid of beliefs in the disincarnated work?).

In light of such inequality between the actions and the works, of so many suspended wills, systematically refuted projects, is it worth asking why the body offered itself up with solemn grace to this ritual spoliation? This may be what really matters – to lose each game that one nonetheless meticulously plays step by step, so that the result of the process shall be the truth that was at stake the whole time: the disconcerting, lyrical vision of the hard horizontality of the surfaces and the distant echoes of the tools that struck them without ever being able to subjugate them.

2.

Because the "work" is, after all, contradicted, who knows whether it might not be the case to ask from the outset: does the term still apply to these pieces? Is not that which was once weight and resistance thus eloquent, something against which the work's constructive effort applied itself, and is now a mass that oppresses the unimpeded field of the paper: contingent and un-harnessed from necessary connections? Is it not likewise intriguing that the tectonic figures familiar to that work – portals, scaffoldings, frameworks, beams, overpasses, the silhouettes of a presumably urban landscape – suddenly appear emancipated from their constructive articulations, in an untimely manner, without a *télos*, as if in a state of alienation with regard to one another and to the surfaces they nonetheless share? Exempted, at last, from any constructive necessity, like figures whose appearance and occasional association are fortuitous?

In the final analysis, what is left is method, discipline, acts that persevere in their exorbitance and only find a reason for being in their excess and eccentricity. Under such conditions, that is, when "the work" is no longer expected to transform or to set the machinery of the world in motion (and, in this instance, the metaphor is quite intentionally anachronistic), the subject can only appear to have been obliterated, shifted "outside": outside the orbit and outside the center, whereas everything that is of interest will converge precisely upon the destitute work now protagonized on outdoor scale on some of these surfaces and that, being only silence and waiting or, as we have just stated, method and discipline, nonetheless produces its own *ratio*. Useless, to be sure, but finding its means and ends within itself and possibly powerful as a cosmology of new times. One cannot resist thinking about the sober process of deconstruction that has been taking place in Elisa Bracher's prints – in these perplexed minimal arrangements of masses and lines – as ideograms. Not those which stem from the rich, complex tradition of ancient cultures, but extraordinary, damaged ideograms (granted that even the fleeting evocation of Adorno may be suggestive), inadequate for expressing that world of which, nonetheless, they continue to be the sign.

3.

Without a subject or with a subject, so to speak, erased, *in the wings*, the question of scale undergoes a profound change in the artist's work. For scale is a relational concept; it presupposes a subject that knows the world only insofar as its ability to project (that is, to put beyond itself) is concerned, the world as susceptible to being known or at least of being uttered. The distance between the subject and the world is, in those terms, always a problem of scale. Having suppressed one of the elements of the equation, one is left with the experience of *absolute distance* – this is what we are talking about when, no matter how closely we approach any of the empty surfaces so ingeniously constructed by Elisa Bracher, we ultimately find ourselves far from (if not irremediably *outside) them*.

Hence the large formats that have interested the artist for so many years and that, in the manner of Russian constructivism, have led us to consider the work as a void filled with possibilities, appear to derive, particularly in the prints made in 2005 and 2006, less from any preoccupation with scale – which is an essentially modern problem – than with their large, absolutely *large* size. They suggest less the modern metaphor of the inexhaustible plasticity of the body in its saga of transformation of nature than the literal desert that the surfaces unavoidably delimited, because it always leaves the body "outside", as we have seen, immanent to itself, immanent to each unique place that it punctually occupies.[1]

If the hypothesis is on track, what vanishes from the scene in Elisa Bracher's current work is something that was always dear to her: in spite of everything and, for this very reason, the non-refundable investment in the constructive utopia of a human scale. Images of vastness and unobstructed views have been recurrent in her output from the beginning of the artist's career: metaphors for a subject able to see from a distance, according to the scale of remote cities and geographies. The demand for that human scale in large cities, amid the "indifferent diversity" of places in contemporary life, allowed us to glimpse, as far back as the early 1990s, a growing sensation of discontentment: it is not that things did not already present themselves in their real sizes, only in virtual, manipulable dimensions, as it seemed to the moderns; it is that one was now unable to escape their literalness: miserably small, tiny, narrow and infantilized unto death, or ridiculously monumental, grandiloquent, permissive and blustering.

The subject, small and irrelevant, flattened by the functionary spirit of ordinary life, allowed itself a cosmic elevation in those works by the artist: to capture the diversity and complexity of things in the moment that precedes their crystallization in an identical order, at the moment in which they struggle to differentiate themselves from formlessness and to "spatialize themselves", that is, to establish themselves as a "place", beyond private drama, a place that would in turn designate, in the terms of a modern demand, the instance of a continuous transformation of civilization, of encountering a universal human grandeur.

Nevertheless, the old, outraged proclamation of the "loss of human scale" that was incorporated into the rhetoric of common sense about which the media boasts, never showed itself to be as suspect as now: weary of bourgeois melancholy, we would once again be tiresomely reciting the same old humanism burdened with a guilty conscience, of which the indictment of its own impotence in the face of the course of things providently made beforehand, can only produce the effect of conformism, self-complacency and, into the bargain, the staging, for the umpteenth time, of a disagreeable parody of history. The austerity of procedures, the quasi-monastic frugality of that work leaves no doubt as to the fact that the artist never came close to the whining *mise en scène*. The aspiration to human scale was *the* problem of the work, *par excellence*, not its "theme", having previously endured the failures and self-delusions that this search inflicts rather than celebrating its trance; beyond this, self-complacency would be the last thing she might be criticized for – she among all people, who positioned herself (without ever making herself stand out) at the center of the most demanding self-sacrifices.

Let us disabuse ourselves of the notion that, in recent production, the problem of human scale has fallen outside the sphere of the artist's concerns. The fact is that the "human" may no longer be defined for her in terms to which we have grown accustomed. This may explain why these prints

1 T. J. Clark examines the matter of scale and size in the work of Jackson Pollock with particular acuity. Regarding the relevance of that question on modern art in general, he observes that: "the loss of just that immediacy and self-evidence – the feeling that in conditions of modernity things no longer have sizes of their own, but only virtual and manipulable scales – is one nightmare of modern life, from which modernist art sometimes tries to shake us free"; cf. "Pollock's Smallness", in VARNEDOE, Kirk and CARMEL, Pepe. *Jackson Pollock: New Approaches*. New York : Museum of Modern Art, 1999, p. 15-6.

contain an exasperated cancellation of all anthropomorphism: there is nothing expressive about the large, unimpeded movements of the lines (if there is, it is against their own grain), just as the large masses of black pigment that are transferred from the eroded areas of the metal are rough, dull and cannot move or succeed in making us believe (once again, and for our own comfort and for the good of our self-esteem) in the return of the drama of *formlessness*.

Of course, gesture continues to be present, albeit in a different mode: self-sufficient, closed in on its incommunicability and disinterested in its expressive effects. In other times, it was extraordinary to behold the way it tamed large matrixes from one side to another with determination – through the exclusive use of the dry point technique, and how that made all the difference –, and how it left gateways and promising horizons in its wake, a blank slate for the advent of an "other", a sign of breadth of vision that was latent with possibilities. Diversely, in prints that the artist deprived of a phenomenology of space, the large scale became, so to speak, an absolute value, a dimension unattainable through depreciative human scale.

4.

There is, in fact, something exorbitant and eccentric in continuing to produce works with the media of print-making, if one intends to continue corroding the long-forged skills of technique, forcefully stretching it to near-regression, from a tool for transformation to the stage of a "thing" that is sufficient unto itself. There must be some meaning to persisting in this practice when one knows from the start that the reward for such a feat, contrary to what the modern art history books generally say, is not the privilege of belonging to "one of the last resorts of manual crafting – the one in which only an autonomous subject might express itself" – but the obliteration of the subject, the trance of anonymity, thanks to which the work may be rescued from its countless deaths. Not by chance, in these prints the human *purpose* of the work, no longer posited as *necessary* or *natural*, ought frequently to be cross-examined, in a fresh start that is, for this very reason, nightmarish and absurd. This exorbitance and *ex*-centricity are traces of strength, of the utopia of an aesthetic experience of anonymity and of the expressive complexity of trivial gestures.

CHRONOLOGY

José Bento Ferreira

"When does one begin to be an artist?" Elisa Bracher once asked a teacher at the College of Visual Arts. "When one makes a work, when one shows it, when people discuss it or when they call you an artist?" Art is an open-ended concept, the complicating factor of which lies not in the word "artist" but in the idea of a beginning.

Where does one begin to establish an artist's chronology – in the life or in the work? Biography incurs the risk of presenting artists' lives as heroic – an approach that appears to somewhat unsuitable to our time. And when does the work begin? In their earliest sketches or at the moment a style is established? There is at least one complicating factor: the idea of an ending! Chronologies possess uncertain beginnings and end with ellipses. That is why this chronology begins with a wise question posed by a student from the Faculdade Armando Alvares Penteado whose answer most likely consisted of a cunning comparison between the institutional theory of art and a certain formalist view of modern art.

Whatever the answer, the question surpasses it in interest and importance simply by virtue of the fact that it was posed by Elisa Bracher, who has had the opportunity to see it answered in various ways throughout her own trajectory. Besides which, it is remarkable that the question was asked by an art student. No medical student would ever ask when one begins to be a doctor, for such a things as a bad doctor or a bad lawyer are conceivable, but the irrelevant artist tends to be forgotten and of him it is hard to say that he is or ever was an artist. Simultaneously, it is possible that a life's work may be recognized only at some later date or after death. In those instances, was the misunderstood author an artist for the duration of his obscure life or was he anointed only after his recognition?

Such ideas occurred to Elisa Bracher when the prints in the *References to the Goya's Caprices* series were selected for the seventh edition of the important Mostra de Gravura Cidade de Curitiba, which took place from October 6 to November 15, 1988.

The artist (?) was then 23 years old, still attending college and drawing inspiration from Goya. The capital [of the Brazilian state] of Paraná would prove especially receptive to the young *paulistana*. In the September, 1989 edition (issues 5/6) of the journal *34 Letras*, Elisa Bracher published "Os Caprichos de Goya" ["Goya's *Caprices*"], a reflection on her own confrontation with the work of the Spanish master. In what is tantamount to a diary format, the text presents the various moments of that contact, from her earliest impressions of the *Caprices* ("1987") and her objection to the interpretation made of them by the Surrealists ("February, 1988") to the technical choice of metal cut printing for her own Goya-inspired works ("April, 1988") and the recognition of a place for the painter within the constellations occasionally assembled by young artists as guides to their own trajectories: Goya, Van Gogh and Miró. As she decides what it is in Goya that she will examine, Elisa Bracher singles out elements that would prove important to her own artistry: "Goya did not use delicate lines and colors, or even well-defined lines; instead, his representations consist of sinuous lines wrought with the burin's crevices". "This [is the] Goya" worth seeing, the one who changed his art to reflect the reality of "dark, frightened people [...], the Goya who passes from the softness of the brush to the coarseness of the burin, who flings pitch onto his copper plate". For all that the *References* recreate parts of the prints that make up the *Caprices*, the fact that they are studies in no way detracts from their integrity, as revealed by the aforementioned text.

Two years later, she participated in the ninth edition of that event. A telegram dated July 16, 1990 arrived at the house on rua Castro Delgado. It began with the lapidary vocative: DEAR ARTIST. Elisa Bracher had been awarded one of the show's acquisition prizes. There were various other answers to that question: participating in exhibitions, having a work acquired by an institution, being called by the name of the profession. The untitled, dry point print became part of the Fundação Cultural de Curitiba public collection, during Jaime Lerner's term as governor of that city. Would the student's transfiguration (as the witty Arthur Danto might have called it) into an artist be temporary or definitive? The message closed with wishes for SUCCESS ON [HER] JOURNEY, reminding her that the paths taken by artistic careers are winding and unfathomable.

Another telegram would be sent to the Alto de Pinheiros the following year. This one came from Rio de Janeiro and, like the preceding one, was marked "urgent". The president of the Instituto Brasileiro de Arte e Cultura [Brazilian Institute of Art and Culture], an office linked to the Presidency of the Republic, offered EFFUSIVE CONGRATULATIONS FOR SUCCESS ACHIEVED at the "XII Salão Nacional de Artes Plásticas", held in Brasília. Another one of Elisa Bracher's prints had taken a prize, alongside works by artists such as Daniel Feingold, Márcio Périgo and Geórgia Kyriakakis. Members of the judging committee included the critics Casemiro Xavier de Mendonça and Ronaldo Brito, as well as the painter João Câmara. Elisa Bracher was awarded the "Unesco medal" and the sum of two thousand dollars.

In leafing through the catalogues of Curitiba and Brasília one must search for Elisa Bracher's name in order to find images of the works. But, in leafing through the catalogue for the "XXIII Salão Nacional de Arte", an event of the Museu de Arte de Belo Horizonte, the metal print's strong vertical strokes and their subtle presence on the paper leave no doubt that the work is hers. Thus, it is the image of the work that leads to the artist's name, again awarded a prize by "judging committees", that included the critics Aracy Amaral and Rodrigo Naves, in addition to the artists Iole de Freitas and Amílcar de Castro. The observant reader might find the realization of a "XII Salão Nacional de Artes Plásticas" and a "XXIII Salão Nacional de Arte" during one and the same year to be somewhat discrepant. Those were the ides of 1991 and Brazilian public institutions were undergoing a period of indeterminacy compatible with the disturbing art theories that occupied the young artist's mind.

The art market's acute crisis during those years notwithstanding, Elisa Bracher succeeded in establishing herself as an artist, which does not only mean that she held exhibitions during every year of the decade – and frequently more than one – as was her case. It also means having the autonomy to change and evolve. With this, yet another answer may be given to the question that was asked in the opening paragraph of this chronology: being an artist means more than the mere acquisition of a style; it also implies knowing how to change styles or to work in different modes with a common denominator one might call a poetics.

Elisa Bracher created a print-making language of her own based on a preference for cruder techniques and tools than those she had learned with the artist and teacher of many artists Evandro Carlos Jardim. Lines on metal, the vestiges of which may be seen on paper, are the fundamental gestures in Elisa Bracher's prints, more or less like the brushstrokes in abstract expressionism. The process of juxtaposing strokes so as to form thick lines amid drops of acid cannot be disguised as in traditional prints – accident is part of the work and the material of art is its very making. In 1992, Elisa Bracher showed those prints in group exhibitions at the Museu de Arte Moderna de São Paulo, at the Museu Nacional de Belas-Artes in Rio de Janeiro and back in Curitiba, where she won yet another prize.

But there can be no doubt that a decisive step in the making of any artist is their first solo exhibition. Elisa Bracher's took place at the Galeria André Millan, in São Paulo, in 1993. There were no prints there, only slender copper structures. There was the same metal of the prints, punished with a manual sander and nitric acid, now as a support for the sculptures. The copper twisted by blow torch flames suggested to critic Sônia Salzstein the comparison with the art of Alberto Giacometti.[1]

The poetics of Elisa Bracher were in the making – the artist who surrounded herself with an industrial apparatus to produce prints and sculptures. This was not the New Yorker from 10th Street with his canvas on the floor and his paint-splattered coat. Nor was it the leader of a team of assistants overseeing the making of a model. It was a woman working in a joinery in São Paulo's Vila Leopoldina quarter, armed with a blow torch and a welder's mask. Her challenge was to use powerful tools to create subtly balanced designs, as if artwork might redeem the violence of industrial production.

Elisa Bracher's involvement with her techniques was such that, between 1993 and 1994, she was severely intoxicated by the chemical substances used in her metal engravings. On page 30 of the "Vento Sul" ["South Wind"] exhibition catalogue of work by Argentinean, Brazilian, Chilean and Paraguayan artists, the thick, vertical lines of one print bear witness to her verve.

1 Untitled exhibition catalogue text. São Paulo: Galeria André Millan, 1993.

Something changed in her art after that unusual life event. In a 1995 group exhibition at the São Paulo MAM called "Entre o Desenho e a Escultura" ["Between Drawing and Sculpture"], showed three sculptures in wood (a more docile material than metal) by Elisa Bracher made between 1993 and 1995. They resembled the thick lines of the prints, they formed spaces that looked like those of the twisted copper sculptures, and the battered aspect of the railway sleepers simulated the effect caused by the blow torch. The furor may have appeased, but the sculpture in wood represented a quantum leap for the art of Elisa Bracher. In 1995, the new sculptures were shown in solo exhibitions at the Paço Imperial and the Espaço Cultural dos Correios, in Rio de Janeiro. In 1996, one of them won the artist an acquisition prize at the III Salão MAM-Bahia.

Elisa Bracher continued to show her sculptures and prints in several cities, but a decisive new step was taken in 1997 with the solo exhibition held at the Galeria Camargo Vilaça. Rodrigo Naves refers to those works in his text "Madeira sobre madeira" ["Wood on Wood"], written later.[2] According to the critic, Elisa Bracher's sculpture appears there "removed from spatial issues and with greater emphasis on volume". Instead of constituting "dwellings and passages", as Sônia Salzstein[3] described them, the new sculptures formed compact blocks. It would not be long until the artist arrived at the format of "monumental sculptures"presented the following year in her solo exhibition at the Pinacoteca do Estado in "O Beijo" ["The Kiss"] show at the Paço Imperial and in the book with photographs by João Musa and text by Rodrigo Naves. In 1999, the Paço Imperial housed the outdoor solo exhibition with several open air sculptures in that historical building's outside patio.

The "monumental sculptures" are Elisa Bracher's best-known works. They can be seen in the most varied places of São Paulo and in other Brazilian cities. In a way, one begins to be an artist when one's former path takes new direction or new meaning. The long lines of her prints, which required a wider metal plate and various seamed sheets of paper, took

2 Rodrigo Naves, in *Madeira sobre madeira – Elisa Bracher*. São Paulo: Cosac Naify, 1998, p. 34.
3 Sônia Salzstein, "Moradas e passagens: topologias" ["Dwellings and Passages: Topologies"], in *Elisa Bracher*. São Paulo: published by the artist, 1996.

on body and form in the enormous polished logs balanced against one another.

In the year 2000, Elisa Bracher exhibited the "faceted panels", large compositions made up of small sheets that adapted traditional print-making techniques to contemporary procedures of mounting. In that exhibition, alongside a show of work by the artist Laura Vinci, Elisa Bracher inaugurated the contemporary art exhibition space at the Centro Universitário Maria Antonia, under the direction of Professor Lorenzo Mammì, who rescued it from the status of a ruin that belonged to an obscure time and did justice to the memory of resistance. The CEUMA space became open to free artistic experimentation, proof of which was the vital importance of that work by Elisa Bracher to the entirety of her later output of prints.

The Faculdade de Filosofia, Letras e Ciências da Universidade de São Paulo [University of São Paulo's College of Philosophy, Literature and Sciences] proposed new building implied a veritable urban intervention to the attractive albeit gloomy city blocks between rua Maria Antonia and central São Paulo. That was the idea behind "Genius Loci, o Espírito do Lugar" ["Genius Loci, the Spirit of the Place"], a series of artistic interventions in the neighborhood's public spaces conceived by Lorenzo Mammì in 2002. Elisa Bracher participated with one of her "monumental sculptures", installed in the largo do Arouche. Like Richard Serra's giant metal sheets, the sculpture bothered passersby and the city determined its removal. That same year, the artist was honored with the installation of a sculpture in the gardens of the Alvorada palace (the Brazilian president's official residence). But Elisa Bracher's work once again became involved in the imbroglio of orders and counter-orders. The following year, it was returned.

In the meantime, Elisa Bracher's work was shown in places as varied as China's Imperial Museum, Bordeaux's Museum of Contemporary Art, the Brazilian Cultural Institute in Berlin and the Centro Cultural Dragão do Mar in Fortaleza, where one of her sculptures has been permanently installed.

In 2003, Elisa Bracher modified her sculptures by laying down the logs, giving up their "monumental" posture that they might lower themselves to the spectator's level, without loss to the stateliness of the volumes, but making them more visible and tangible. The result went on display at the Gabinete de Arte Raquel Arnaud. João Musa's photographs in *Madeira sobre madeira* (Cosac Naify, 1998) had been shot in the open air at Villa-Lobos park, where the wood's sophisticated assembly overpowered the puerile shapes of the buildings in the distance. The impressive images from 2003 depict the large volumes inside the Gabinete de Arte. With its vivid color, the sculpture seems to want to break through the gallery's white walls into the night on Artur de Azevedo street, like something sprouting.

Of that exhibition of sculptures and prints, critic Luiz Camillo Osorio remarked: "They are raw and pleasant, monumental and economical". The "weight of the black", which confers an "oceanic horizontality" to the prints, confronts "resistance and the silence of things" as manifested in the sculptures.[4] Elisa Bracher's two-fold artistic activity thus seems perfectly coherent. The volume of the wood and the flat space of the copper plates are the materials of that poetics. The artist strives to balance those torrential forces into stable compositions, worthy of being seen, autonomously upright (in the case of the sculptures) or supported by the various elements of the prints.

In 2005, Elisa Bracher created a work called *Out There*, in Norwich, England. It is an open air print with long horizontal lines. Because it is on view in an external space, it has traces of red, but a red that is dirty and ochery. In that print, traces of its making mimic the scars of the elements upon things that remain in open air. This remarkable work confers upon the manual line the dignity of human ingenuity's most grandiose interferences in nature – such as the ability to create large-scale construction and to alter landscape.

Even as her latest prints are on exhibition, Elisa Bracher is at work on new marble sculptures. Instead of logs, these are great masses of rocks balanced in the heights. Whereas the wood of the "monumental sculptures" was polished in uniform edges, the huge shards of marble are balanced by their own irregularities. The irregular forms rise up proudly, flaunting the various stone faces that evince the cuts and perforations to which they were submitted.

Knowing how to change is one of the virtues of today's artists. The art of Elisa Bracher may still generate great developments.

4 Luiz Camillo Osorio, "Quase árvores / não árvores / silêncio" ["Nearly Trees / non-trees / Silence"], exhibition catalogue. São Paulo: Gabinete de Arte Raquel Arnaud, 2003.

GOVERNO DO ESTADO DE SÃO PAULO

GOVERNADOR DO ESTADO
Claudio Lembo
SECRETÁRIO DE ESTADO DA CULTURA
João Batista de Andrade
DIRETORA DA UNIDADE DE PRESERVAÇÃO DO PATRIMÔNIO MUSEOLÓGICO
Silvia Antibas

ASSOCIAÇÃO DOS AMIGOS DA PINACOTECA DO ESTADO DE SÃO PAULO
Organização Social de Cultura

CONSELHO DE ADMINISTRAÇÃO
PRESIDENTE
Marcelo Secaf
VICE-PRESIDENTE
Celso Lafer
CONSELHEIROS
Denise Aguiar Álvares Valente, Fernando Teixeira Mendes Filho, Horácio Bernardes Neto, José Roberto Marcelino dos Santos, Julio Landmann, Maria Anna Olga Luiza Bonomi, Maria Luisa de Souza Aranha Melaragno, Nilo Marcos Mingroni Cecco

CONSELHO DE ORIENTAÇÃO ARTÍSTICA
Ana Belluzzo, Carlos Alberto Cerqueira Lemos, José Roberto Teixeira Leite, Marilucia Botallo, Paulo Portella, Odetto Guersoni, Regina Silveira, Ruth Sprung Tarasantchi

DIRETOR
Marcelo Mattos Araujo
DIRETOR FINANCEIRO
Carlos Wendel Magalhães
DIRETOR EXECUTIVO
Miguel Gutierrez
ASSISTENTE DE DIRETORIA
Bianca Corazza, Renivaldo Nascimento Brito
ASSESSOR DE ASSUNTOS INSTITUCIONAIS
Marcello Glycerio de Freitas
RELACIONAMENTO E COMUNICAÇÃO
Marcio Junji, Juliana Rodrigues Lopardo
GESTÃO DOCUMENTAL DO ACERVO
Maria Luiza Moraes, Adriana Miyatake, Arleide Mota Pinho
PESQUISA EM CRÍTICA E HISTÓRIA DA ARTE
Ivo Mesquita, Diógenes Moura, Ana Paula Nascimento, Regina Teixeira de Barros, Taísa Palhares
RESTAURO E CONSERVAÇÃO
Valéria de Mendonça, Teodora Camargo Carneiro, Ana Lúcia Nakandakare, Manuel Ley Rodriguez, Antonio Carlos Timaco, Cláudio José dos Santos, Francisco do Carmo Neves Filho, João Paulo David do Nascimento
AÇÃO EDUCATIVA
Mila Chiovatto, Amanda Tojal, Gabriela Aidar, Ana Maria Minici Mirio, Camila Gordillo de Souza, Carlos Eduardo Ferreira Borges, Constancia Maria Soares, Leandro Roman, Margarete de Oliveira, Maria Stella da Silva, Solange Rocha da Silva, Telma Cristina Mosken, Thiago Borazanian da Conceição, Paulo Henrique Ronqui Pinheiro, Valdir Alexandre de Oliveira
BIBLIOTECA
Lucila de Sá Carneiro, André Malaquias dos Santos, Claudinei Bortolo Generozo, Juliana da Luz Sampei
CENTRO DE DOCUMENTAÇÃO E MEMÓRIA
Marcia Camargos, Gabriel Moore Bevilacqua
PRODUÇÃO E EXPOGRAFIA DE EXPOSIÇÕES
Regina Franco Viesi, Hiromu Kinoshita, Mirian Sasaki, Rita Torquete, Mário Bibiano, Flávio da Silva Pires, Eduardo Tadeu da Silva, Elias Joaquim da Silva, Marcia Cristina Gabriel, Alexandre Nascimento Pedro
PROGRAMAÇÃO GRÁFICA
Claudio Filus
RECURSOS HUMANOS E ATENDIMENTO AO PÚBLICO
Marcia Regina Guiote, Francisco Valdivan da Silva, Vera Lúcia Collato, Ednalva Soares B. Janeiro, Laudeci Francisca da Cunha, Luciene de Jesus Souza, Adriana Giuliani Rosa, Adriana Pereira de Queiroz, Alcides Santos, Aline Cristiane Maria, Antonio José dos Santos, Augusto Cerqueira Neto, Cleany Pereira dos Santos, Cleide Luciana da Silva, Cleonice Sabino Rodrigues, Clessiana Machado Ferreira, Conceli Rocha de Souza, Daniel Barbosa de Lima, Edelaine Demucio, Edilson de Souza Silva, Edimilson Silva Mota, Edmunda Melo de Medeiros, Eliane Barbosa Lopes, Eliane dos Santos Silva, Elizabeth Mathias Baptista, Elizabeth Monteiro, Fabiana Batista do Nascimento, Fernanda Maria Rodrigues de Andrade, Fernanda Moreira da Silva, Francisca Viviane C. Oliveira, Francisco Estácio Marques, Francisco Franceli Pereira, Gilson Pimenta de Carvalho, Givaldo Tiago Rodrigues, Graziela Cristina B. Américo, Heber da Silva Kusano, Helena Aparecida dos Santos, Janaina Felix da Silva, Joana Angélica S. Marcarin, Joelma Guilherme Silva, Jonatas Santana Biet, José Andrade dos Santos Filho, Karina Aparecida Francisco, Karina Aparecida Marques Freire, Kátia Rejane Santos da Silva, Katiucia Barboza da Silva, Leandra Florentino, Leandro Figueiredo Ribeiro, Lindiane de Souza Santos, Luana Libania Cordeiro, Lucia Napoleão da Silva, Lucineide Barbosa Rocha, Manuela de Oliveira H. Antão, Márcia Souza Silva, Marcos Cardoso, Maria Aparecida S. Gonçalves, Maria Evaldina N. de Sousa, Maria Francilene Santos Macedo, Mariana da Silva Marques, Mario Alberto Lourenço Junior, Maura Rocha de Oliveira, Michael Brito do Vale, Patrícia Aparecida Batista de Souza, Paulo Perez Chicano, Raquel da Silva Astolpho, Regiane Gomes da Silva Vieira, Regis da Silva Quintela, Renata A. Santana Eufrásio, Renato Pimenta de Sousa, Robison Gomes Teles da Silva, Roseli Gonçalves da Silva, Rubenia Maria Carmona, Sabrina de Freitas Serra, Seginaldo Cristiano Salomão, Sheila de Siqueira Cardoso, Silvana Carvalho de Souza, Simone Antunes dos Santos, Tatiana Chanquetti Garcia, Therezinha Paschoal, Vanessa Caroline Marques Freire, Vilma Calado da Silva Vilela, Viviane Leite Braz, Wagner Luiz de Campos, Warlas Paiva Silva
ADMINISTRAÇÃO E FINANÇAS
Marcelo Costa Dantas, Maria Izabel Casanovas Mora, Geovana Maria da Silva, Severino Ramos do Nascimento, Angela Maria Avanço Pombal, Leandro dos Santos Oliveira, Mirian Maria de Jesus
INFORMÁTICA
Robson Serafim Valero
ADMINISTRAÇÃO DOS EDIFÍCIOS E SERVIÇOS
Ozéias Soares, Gilberto Oliveira Cortes, André Luis de Oliveira, Adeildo Marques dos Santos, Agnaldo de Oliveira Mendes, Alexsandro Bomfim Borges, Alexson dos Santos Lima, André Semplicio Pires, Cícero Teixeira Peixoto, Edvaldo Santos Nascimento, Erivelto João de Sousa, Genilton Simplício dos Santos, Geraldo Santos de Sena, Hamilton Manoel de Jesus, Joaquim Soares de Oliveira, Joilson de Oliveira Mendes, José Maria Alves Lima, José Ricardo da Silva, Leilson Silva Fernandes

Coordenação editorial CÉLIA EUVALDO
Preparação EUGÊNIO VINCI DE MORAES
Versão para o inglês STEVE BERG
Revisão do português ALEXANDRE MORALES, CECÍLIA OLIVEIRA RAMOS
Revisão do inglês ANTHONY DOYLE
Projeto gráfico FLÁVIA CASTANHEIRA
Tratamento de imagens WAGNER FERNANDES

Dados Internacionais de Catalogação na Publicação (CIP)
(Câmara Brasileira do Livro, SP, Brasil)

Maneira branca / gravuras de Elisa Bracher
São Paulo: Cosac Naify: Pinacoteca do Estado, 2006
128 pp., 104 ilust.

Apoio: Secretaria do Estado da Cultura, Governo do Estado de São Paulo

ISBN 85-7503-501-0

1. Bracher, Elisa – Exposições 2. Gravuras em metal

06-8877 CDD 739.074

Índices para catálogo sistemático:
1. Exposições: Gravuras em metal: Elisa Bracher: Artes 739.074
2. Gravuras em metal: Elisa Bracher: Exposições: Artes 739.074

COSAC NAIFY
Rua General Jardim, 770, 2º andar
01223-010 São Paulo SP
Tel [55 11] 3218 1444
Fax [55 11] 3257 8164
www.cosacnaify.com.br

Atendimento ao professor [55 11] 3823 6595

CRÉDITOS FOTOGRÁFICOS

© Arnaldo Pappalardo

Com exceção de:

Arquivo da artista pp. 107 (dir.), 108 (esq.)
Eduardo Ortega pp. 84, 85, 86-7, 90, 96, 97
Elisa Bracher pp. 82, 92, 93, 94-5, 98, 99, 108 (dir.)
Felipe Reis pp. 78, 79, 104 (esq.)
Nelson Kon pp. 21, 91
Pedro Franciosi pp. 15, 75, 76, 77, 80, 81, 83, 103, 104 (dir.), 105, 106 (esq.)

Este livro foi publicado por ocasião da exposição "Maneira Branca – gravuras de Elisa Bracher", realizada na Estação Pinacoteca, São Paulo, de 30 de setembro de 2006 a 25 de fevereiro de 2007, com curadoria de Lorenzo Mammì.

TIPOLOGIA Chaparral e Berber PAPEL Couché fosco 150 g/m² IMPRESSÃO Atrativa TIRAGEM 2.000